职 业 院 校 学 生 素 质 教 育 读 本

读史
明智

（上）

DUSHI MINGZHI

主　编：魏全斌
副主编：向　庆　孟华锋　韩　佳　夏世平
参　编：王文静　田　姣　张　博　罗建军
　　　　张力月　王艳玲　弋秀林

京师职教

zjfs.bnup.com | www.bnupg.com

北京师范大学出版集团
BEIJING NORMAL UNIVERSITY PUBLISHING GROUP
北京师范大学出版社

图书在版编目（CIP）数据

读史明智. 上／魏全斌主编. —北京：北京师范大学出版社，
2019.9（2020.3重印）
 ISBN 978-7-303-24131-6

 Ⅰ．①读⋯ Ⅱ．①魏⋯ Ⅲ．①中国历史－通俗读物
Ⅳ．①K209

中国版本图书馆CIP数据核字（2018）第191504号

营 销 中 心 电 话	010-57654738 57654736
北师大出版社职业教育与教师教育分社网	http://zjfs.bnup.com
电 子 信 箱	zhijiao@bnupg.com

出版发行：北京师范大学出版社　www.bnupg.com
　　　　　北京市西城区新街口外大街12-3号
　　　　　邮政编码：100088
印　　刷：北京玺诚印务有限公司
经　　销：全国新华书店
开　　本：787mm×1092mm　1/16
印　　张：6.75
字　　数：200千字
版　　次：2019 年 9 月第 1 版
印　　次：2020 年 3 月第 2 次印刷
定　　价：29.80 元

策划编辑：易　新		责任编辑：王艳平	
美术编辑：焦　丽		装帧设计：焦　丽	
责任校对：段立超		责任印制：陈　涛	

前 言
PREFACE

《国家中长期教育改革和发展规划纲要（2010—2020年）》明确提出：中等职业教育与高等职业教育协调发展，构建现代职业教育体系，增强职业教育支撑产业发展能力。职业教育为社会、经济和人的发展服务成为职业教育理论工作者与实践工作者的共识。

近年来，随着社会经济的进步，民航业得到空前的发展。民航业的大发展需要大量道德高尚、素质优良、技能娴熟的一专多能的民航服务人才。正因为如此，一批办学理念先进、教学与实习实训设备精良、师资力量雄厚的民航服务类学校或专业应运而生，为促进民航服务业的发展做出了重要贡献。

本书是参照《国家中长期教育改革和发展规划纲要（2010—2020年）》要求并结合教育教学实际情况，由成都航空旅游职业学校语文教研室教师编写的读史明智文化读本。全书注重学生人文积淀的提升，坚持"以人为本"的方针，在编辑过程中突出学习重点、难点、知识面的扩展以及学生爱国主义的培养。

《读史明智》由职业教育专家魏全斌担任主编，由向庆、孟华锋、韩佳、夏世平担任副主编，王文静、田姣、张博、罗建军、张力月、王艳玲、弋秀林参编，由孟华锋统稿。在编写本读本的过程中，我们参阅了相关论著与资料，引用了一些最新的研究成果，但由于时间较紧、联系方式不准确等原因，未能一一取得原成果作者的同意，敬请原成果作者谅解并与我们联系，我们将奉寄稿酬和样书，并在重印或再版时根据原成果作者的要求进行相应的调整。

由于受时间和水平所限，书中难免有不尽如人意之处，恳请广大读者提出宝贵的意见，以便我们修订时加以完善。

编　者

目 录
CONTENTS

第一章　中国历史开篇..001

第一节　中华文明的起源.. 001

第二节　夏、商、西周的兴亡..007

第三节　春秋战国..011

第二章　大一统的秦汉王朝..018

第一节　秦帝国的兴亡..018

第二节　大一统的汉王朝..022

第三节　秦汉经济与文化..025

第四节　秦汉科技艺术..030

第三章　政权分立与民族大融合..036

第一节　政权分立..036

第二节　魏晋南北朝时期的科技文化..040

第四章　繁荣与开放的隋唐社会..047

第一节　隋朝..048

第二节　唐朝..050

第三节　隋唐时期的科学文化成就..053

第四节　隋唐统一多民族国家的发展和对外关系..055

第五章　多民族文化的碰撞与社会经济的高度发展 062

　　第一节　两宋政权的建立与灭亡 062

　　第二节　统一的多民族国家——元朝 067

　　第三节　灿烂的宋元文化 069

第六章　统一多民族国家的巩固与发展 077

　　第一节　明清时期的专制统治 077

　　第二节　明清时期科学技术与世俗文学 083

活动课一　春秋战国故事表演会 092

　　活动目标 092

　　方案一　演说式故事会 093

　　方案二　角色表演式故事会 094

　　方案三　"我说春秋战国人物"辩论会 095

活动课二　宋朝穿越记 097

　　一、活动目标 097

　　二、活动提示 098

　　三、活动拓展 099

第 一 章

中国历史开篇

（?—公元前221年）

　　先秦是指秦朝建立之前的历史时代，是指从传说中的三皇五帝到战国时期，经历了夏、商、西周，以及春秋、战国等历史阶段。传说远古时期部落首领的产生均采用"禅让制"，直至禹之子启建立夏王朝，结束了"禅让制"，从此，"夏"成为中国历史上第一个朝代。

　　四百余年后（即约公元前1600年），夏朝最后一个王夏桀暴虐无道，商汤灭夏，建立商朝。约公元前1046年，黄河上游周武王伐纣，牧野之战取胜后建周，定都镐京，疆域逐步扩大。公元前770年，在西北游牧部落犬戎的侵袭下，周平王迁都洛邑，史称东周。

　　此后，随着周王朝势力衰落，分封的诸侯形成了众多诸侯国，相互争战，先后有春秋五霸、战国七雄，这一时期被称为春秋战国时期。

　　最终秦灭六国，建立了中国历史上第一个统一的多民族的中央集权国家。

第一节　中华文明的起源

　　人类的起源众说纷纭，考古学者研究古人类化石发现，人类是由古猿逐渐进化而来的。我们的祖先在远古社会过着什么样的生活？这一时期的历史遗存有什么样的特色？在那些古老的传说中诞生了什么样的历史人物？他们身上发生了什么样的故事？

我国的远古先民

　　我国历史悠久，是目前世界上发现早期人类化石和遗址最丰富的国家之一。在云南省元谋县，考古发现了两颗远古人类牙齿化石和一些有明显加工痕迹的石器，以及大量炭屑、小块动物烧骨。经过专家鉴定，这是我国远古人类的牙齿和遗物，证明他们已经会制造工具和使用火了。元谋人距今约170万年，是我国境

元谋人牙齿化石
（云南元谋上那
蚌村遗址出土）

内已知较早人类。

1929年，在北京周口店的山洞里，我国考古工作者发现了一个完整的远古人类头盖骨化石，这就是震惊世界的"北京人"，他们生活的时代距今约71万至23万年，还保留了猿的某些特征，但是手脚分工明显，能够制造和使用工具。

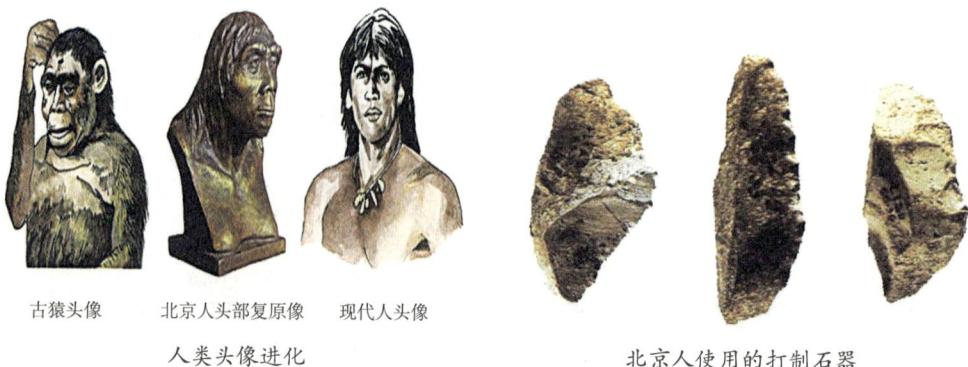

古猿头像　北京人头部复原像　现代人头像

人类头像进化

北京人使用的打制石器

那时周口店一带，森林茂密，野草杂生，猛兽出没。北京人将石块敲打成粗糙的石器，把树枝砍成木棒，仅凭极其原始的工具和大自然进行艰苦的斗争。在这样险恶的环境里，只靠个人的力量无法单独生活下去，因此他们往往几十个人生活在一起，共同劳动，共同分享劳动果实，过着群居生活。

想一想
北京人是怎样生活的？

在周口店远古人类遗迹里，还发现了虎、豹、熊、鹿等许多野兽的化石，这些野兽曾严重威胁着北京人的安全。

北京人用火驱赶野兽（想象图）

剑齿虎（想象图）

山顶洞人制作的骨针和装饰品（北京山顶洞人遗址出土）

山顶洞人头部复原像（北京山顶洞人遗址出土）

北京人已经会使用天然火，他们还会保存火种。他们用火驱赶野兽、烧烤食物、照明防寒。火的使用，增强了人们适应自然的能力，是人类进化过程中的一大进步。

山顶洞人的生活（想象图）

在发现北京人的周口店龙骨山的山顶洞里，曾先后发现了至少代表8个男女老幼不同个体的完整的头骨、上下腭骨、牙齿和人体骨骼化石，他们被称为"山顶洞人"。

山顶洞人仍使用打制石器，但已经掌握磨光和钻孔技术。他们已经会人工取火，靠采集和狩猎为生，还会捕鱼。他们能够走到很远的地方与别的原始人群交换基本生活用品。山顶洞人已经能够使用骨针缝制衣服，而且爱美。他们死后还要埋葬。在山顶洞人的洞穴里还发现了一些有孔的兽牙、海蚶壳和磨光的石珠，大概是他们佩戴的装饰品。

山顶洞人生活的集体，是由血缘关系结合起来的氏族。一个氏族有几十个人，由共同祖先繁衍下来。他们居住在一起，使用公有工具，共同劳动，共同分配食物，没有贫富贵贱之分。

原始的农耕生活

我国很早就出现了原始的农耕，是世界上最早种植水稻的国家。距今约7000年的河姆渡原始居民已经使用磨制石器，使用耒、耜耕地，种植水稻。

河姆渡原始居民住着杆栏式的房屋，过着定居生活。他们已经开始挖掘水井，饮水比以往更为方便。他们饲养家畜，会制作陶器。河姆渡原始居民还会制作简单的玉器和乐器。

河姆渡遗址发掘发现的文物遗存具有数量巨大、种类丰富的特点，为研究距今

河姆渡人使用的工具
（浙江余姚河姆渡遗址出土）

约七八千年前氏族公社繁荣时期人们的生产、生活情况提供了比较全面的材料。如两次发掘出土的陶片达40万片之多，用同样的发掘面积做比较，是其他新石器时代遗址所不及的。又如出土的纺织工具有纺轮、绕纱棒、分径木、经轴、机刀、梭形器、骨针近10种，根据这些部件，可以复原当时的织机。其他遗址发掘的工具就没有这么具体。

在我国陕西西安附近的半坡村，发现了距今约六千年的原始农耕村落遗址。半坡原始居民普遍使用磨制石器，他们用磨光的石器和木制的耒耜等开垦土地，用石刀收割庄稼。他们的主要粮食作物是粟。我国是最早种植粟的国家。

半坡居民大多住在半地穴式的房屋里，这种房屋冬暖夏凉。屋内有灶、炕供炊煮和取暖用。并且当时的半坡人已经学会了人工取火。建房时他们先在地上挖出一个圆形或方形的穴坑，在穴坑中埋设立柱，然后用树枝等材料沿坑壁建起围墙，有的还在内外抹上草泥，以增强牢固性，最后在立柱和围墙上架设屋顶。半坡居民饲养猪、狗等家畜，还会制作彩陶、纺线、织布、制衣，并且会用骨制的箭头、鱼叉、鱼钩打猎、捕鱼。

半坡居民房屋（绘画图）

炎黄战蚩尤

> 蚩尤作乱，不用帝命。于是黄帝乃征师诸侯，与蚩尤战于涿鹿之野。
>
> ——《史记·五帝本纪》

距今约四五千年，我国黄河流域和长江流域活动着许多部落。炎帝和黄帝是我国古老传说中黄河流域著名的部落首领。那时候，部落之间经常发生战争。南方有强大的蚩尤部落，传说他们用铜作为武器，勇猛异常。黄帝部落联合炎帝部落，在涿鹿一战中大败蚩尤，从此炎帝、黄帝部落结成联盟，经过长期发展，形成日后的华夏族。

涿鹿之战，指距今约4600年前，黄帝部族联合炎帝部族，跟来自南方的蚩尤部族在涿鹿（今河北省张家口市涿鹿县）一带所进行的一场大战。"战争"的目的是争夺适于牧放和浅耕的中原地带。涿鹿之战的结果是炎黄大败蚩尤，有力地奠定了华夏部族据有广大中原地区的基础，并起到了进一步融合各氏族部落的催化作用。取得这场战争胜利的部族首领黄帝从此成为中华民族的共同祖先，并被逐步神化。涿鹿之战对于华夏族由野蛮时代向文明时代的转变产生了重大的影响。

查一查

请利用互联网查一查黄帝能在涿鹿之战中获胜的原因。

黄帝——人文初祖

> 中华开国五千年，神州轩辕自古传。创造指南针，平定蚩尤乱。世界文明，唯有我先。
>
> ——孙中山

黄帝，古华夏部落联盟首领，中国远古时代华夏民族的共同祖先，被尊为中华"人文初祖"。黄帝在位期间，播百谷草木，大力发展生产，始制衣冠、建舟车、制音律、创医学等。他的妻子嫘祖发明了养蚕缫丝，他的属下仓颉发明了文字，伶伦编出了乐谱。这些神话传说反映了后人对华夏始祖黄帝的尊敬。

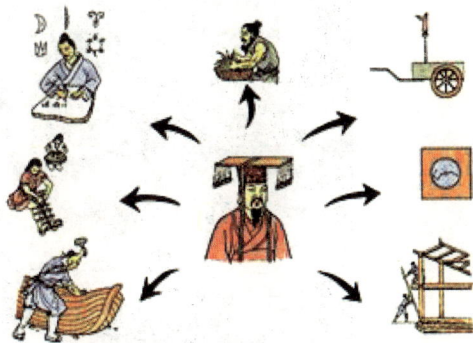

黄帝传播文明

尧舜禹"禅让"

传说黄帝之后，黄河流域又先后出现了三位德才兼备的部落联盟首领——尧、舜、禹，深受百姓爱戴。

尧：住在茅屋里，吃糙米饭，喝野菜汤，身上穿着麻布袄。

舜：品德好，以身作则。在历山耕田，历山的人不再争田界，互相都很谦让。人们都愿意靠近舜居住。舜在一个地方住了三年，那里就成了村落。他博得百姓普遍赞扬。

禹：禹治水，用疏导的方法，把水引入大海。禹一心治水，前后13年，风里来雨里去，三过家门而不入。洪水终于被控制，百姓过上了安宁的生活。禹在人民心中树立了威信。

相传，尧年老时征求各部落首领意见，推荐舜做他的继承人。舜年老后采用同样的方法把位置让给治水有功的禹。历史上把这种推荐部落联盟首领的方法称为"禅让"。

传说在尧帝时期，黄河流域经常发生洪水。为了控制洪水泛滥，保护农业生产，尧帝曾召集部落首领会议，征求治水能手来平息水害。鲧被推荐来负责这项工作。鲧接受任务后，采用堤工障水，作三仞之城，就是用简单的堤埂把居住区围护起来以阻挡洪水，治了9年也不成功，最后被放逐羽山而死。舜帝继位以后，任用鲧的儿子禹治水。禹总结父亲的治水教训，改鲧"围堵障"为"疏顺导滞"的方法，就是利用水自高向低流的自然趋势，顺地形把壅塞的川流疏通，把洪水引入疏通的河道、洼地或湖泊，然后合通四海，从而平息了水患，使百姓得以从高地迁回平川居住和从事农业生产。禹被人们称为"神禹"，传颂于后世。

在大禹治水的过程中，留下了许多感人的事迹。相传他借助自己发明的原始测量工具准绳和规矩，走遍大河上下，用神斧劈开龙门和伊阙，凿通积石山和青铜

大禹治水（绘画图）

峡，使河水畅通无阻。他治水居外13年，三过家门而不入，连自己刚出生的孩子都没工夫去爱抚，不畏艰苦，身先士卒，腿上的汗毛都在劳动中被磨光了。他是中国历史上第一位成功治理黄河水患的治水英雄。

第二节　夏、商、西周的兴亡

"夏传子，家天下，四百载，迁夏社。"夏朝的建立标志着中国早期国家的产生。夏、商、周建立了很多制度，创造了丰富灿烂的文化。是什么导致了夏、商、周的兴亡？我们从中可以吸取什么样的历史教训？

夏朝的兴衰

禹当部落联盟首领的时候，社会经济大力发展，私有财产增多了。禹死后，启继承王位，夏朝正式建立，从此，世袭制代替了禅让制，"公天下"变成了"家天下"。

夏朝是我国第一个奴隶制王朝，历经四百多年，夏朝的统治中心在今天河南西部和山西南部。最后一个君王桀是历史上有名的暴君，他建造了许多豪华宫殿，无休止征发百姓，强迫他们服劳役。平民和奴隶纷纷怠工，反抗桀的暴政。

商汤灭夏与武王伐纣

夏朝衰败时，黄河下游的商部落逐渐强大起来。商部落的首领汤团结周围小国和部落，乘桀失去民心，起兵攻夏。约公元前1600年，汤战胜桀，夏朝灭亡，商朝建立。

商朝是中国历史上的第二个朝代，是中国第一个有文字记载的王朝。

商朝后期政治动乱，民不聊生，最后一个君王纣，暴虐异常，大兴土木，修建宫廷苑囿，终日饮酒作乐，还发明炮烙之刑荼害百姓。

商　汤
（绘画图）

商朝的奴隶制度很残酷，表现之一是实行"人祭"和"人殉"。商朝一次祭祀宗庙，就杀掉奴隶五百多人。人祭是奴隶主贵族在祭祀神灵和祖先时，杀掉奴隶作为供品。人殉是奴隶主死后下葬时，杀掉或活埋奴隶作为殉葬品。

商朝末年，西方属国的国君周武王，向商都进攻，史称"武王伐纣"。公元前1046年，双方在商都郊外牧野展开激战，纣王战败，周武王建立周朝，史称西周。

周国原是商朝的属国，周文王因不满纣王的暴政而被囚禁。后来文王回周国，团结周边小国，"修德行善"，勤政爱民，重用贤才，周国国力日益强盛。

为了巩固统治，西周实行分封制。周天子将土地、平民和奴隶分给亲属和功臣等，封他们为诸侯。诸侯必须服从周天子的命令，向周天子交纳贡品，平时镇守疆土，战时随周天子出兵作战。西周通过分封，开拓疆土，加强统治，成为一个强盛的国家。

公元前9世纪，周厉王贪财好利，残酷剥削百姓。公元前841年，国内爆发"国人暴动"，周厉王仓皇出逃，最后死在外地。

姜太公钓鱼

商纣暴虐，周文王决心推翻暴政。太公姜子牙受师傅之命，下界帮助文王。但姜子牙觉得自己已是半百之龄，又和文王没有交情，很难获得文王赏识，于是在文王回都途中，在河的一边，用没有鱼饵的直钩钓鱼。大家知道，鱼钩是弯的，但是姜子牙却用直钩、不用鱼饵，却钓到了很多鱼。文王见到了，觉得这是奇人（古代人对奇人都很尊敬），于是主动跟他交谈，发现他真是个非常有用的人，于是便将其招入帐下。后来姜子牙帮助文王和他的儿子推翻商纣统治，建立了周朝。

姜太公钓鱼（绘画图）

西周分封制示意图

周厉王令人监视百姓，使得"国人不敢言，道路以目"。这种做法引起了一些大臣的反对，召公进谏说："防民之口，甚于防川，川壅而溃，伤人必多，民亦如之。是故为川者，决之使导；为民者，宣之使言。"周厉王不听，最终发生暴乱。

议一议

对于一个国家而言，维护统治的最关键因素是什么？

西周末年，王室衰微，诸侯常年不进贡，战争连年，国力大不如前。公元前771年，西方民族犬戎趁周朝内乱攻破镐京，杀死周幽王，西周灭亡。公元前770年，周平王迁都洛邑，史称东周。

夏、商、西周社会经济

项目\朝代	农业	畜牧业	手工业				商业、交通、城市
			青铜器	玉器	陶瓷	漆器	
夏	集体耕作	\	发现尚少				交通有一定规模，交通工具种类很多
商	集体耕作，"五谷"已有种植，使用石、蚌、骨、木所制农具，极少数青铜器农具，懂得施用粪肥、草木灰、绿肥	饲养家畜很多，除食用外还用于祭祀和拉车	铸造生产规模大，作坊集中在王都，主要为君王和贵族使用	雕刻精美，数量多	原始瓷器		重视商业和交通运输业，善于经商，以贝作为货币，建立了邮驿系统
西周	集体耕作，"五谷"已有种植，使用石、蚌、骨、木所制农具，极少数青铜器农具，懂得施用粪肥、草木灰、绿肥	饲养家畜很多，除食用外还用于祭祀和拉车	产品趋向生活化，日常器具数量增多		原始瓷器，陶瓷发展史上的飞跃	大量用于车的制造	比商朝发达，建立了邮驿系统

后母戊鼎（又称司母戊鼎），全称为后母戊大方鼎。原器1939年3月在河南安阳出土，是商王祖庚或祖甲为祭祀其母戊所制，是商周时期青铜文化的代表作，现藏于中国国家博物馆。

后母戊鼎是迄今世界上出土最大、最重的青铜礼器，享有"镇国之宝"的美誉。

后母戊鼎
（传河南安阳殷墟出土）

夏商西周文化

夏、商、西周是中华文明的勃兴时期，为后世博大精深的中华文化奠定了基础。

项目	特点	图片
甲骨文	甲骨文是汉字的早期形式，也是现存最古老的一种成熟文字，又称"契文"、"甲骨卜辞"、殷墟文字或"龟甲兽骨文"，是商朝后期（前14—前11世纪）王室用于记录占卜吉凶而在龟甲或兽骨上契刻的文字。它上承原始刻绘符号，下启青铜铭文，是汉字发展的关键形态，被称为"最早的汉字"。甲骨文记录的内容反映了商朝的政治和经济情况。	
金文	又称"钟鼎文"，西周青铜器上有长篇铭文出现，记录周代贵族分封、祭祀、战争等重大政治活动。	
科学	夏、商、周时期人们对天文、星象有一定认识。商代的干支纪日法是世界上延续至今、时间最久的纪日法。夏朝有关史料和商代的甲骨文保留了我国最早的日食和月食记录。商和西周时期的人们已有较丰富的医药学知识，商代考古还发现了石砭镰等医学用具。	 河北藁城出土的商代石砭镰

续表

项目	特点	图片
《尚书》	我国现存最古老的官方史书，是夏、商、周时期一些历史文献和传说资料的汇编，其中还包括更早时期的史事记录。	
《周易》	我国最古老的一部占卜用书，是中国传统思想文化中自然哲学与人文实践的理论根源，是古代中华民族思想、智慧的结晶，被誉为"大道之源"。其内容极其丰富，对中国几千年来的政治、经济、文化等各个领域都产生了深刻的影响。	

第三节　春秋战国

　　春秋战国时期各诸侯国之间纷争不断，春秋五霸、战国七雄先后出现。这一时期战争频繁，民族不断融合。是什么原因造成了纷争局面？纷争局面又给中国的历史发展带来了什么影响？

　　春秋战国时期，泛指公元前770年至前221年由东周至秦统一的这一转变时期，并以公元前475年作为春秋战国时期的分界，前一段称为春秋时期，后一段称为战国时期。这一时期是我国从奴隶社会过渡到封建社会的大变革时期，战争频繁，诸侯争霸，民族不断融合。

春秋争霸

　　公元前770年，平王东迁以后，周王室地位日益衰落，王畿之地只剩下洛阳周围二百多里。诸侯不再听从周天子的命令，不再朝觐和纳贡。各诸侯国为了取得更多的土地和人民，相互之间进行频繁的战争，强大的诸侯，迫使各国承认他的首领地位，成为"霸主"。著名的霸主有齐桓公、晋文公、楚庄王等。

议一议

诸侯国能够成为一方霸主，需要具备什么样的条件？

春秋五霸：

称霸国家	称霸国君	采取措施
齐	齐桓公	以管仲为相，励精图治 以尊王攘夷为号召，联合华夏诸侯 伐楚，与楚定盟而还
晋	晋文公	率齐、秦等国联军在城濮大败楚、陈、蔡联军
楚	楚庄王	楚庄王大败晋军于邲，势力深入中原
吴	吴王夫差	公元前506年，吴大举攻楚，陷楚都 公元前494年，吴王夫差大败越军
越	越王勾践	公元前482年，越人乘夫差北上攻入吴都

春秋时期少数大国争霸的局面结束后，代之而起的是战国七雄间的兼并战争。

战国七雄

战国初年，晋国卿大夫中的韩、赵、魏三家，瓜分晋国。稍后齐国大夫田氏取代原来的国君，建立田氏齐国，这样就形成了齐、楚、燕、秦、韩、赵、魏七雄并立的局面。战国时期，各国之间的战争更为频繁，桂陵之战、马陵之战等历史上的一些著名战役，就发生在这一时期。

公元前4世纪中期，魏国大将庞涓率大军包围赵都邯郸。赵国向齐国求救，齐王命孙膑为军师，率军救赵。孙膑乘魏国内部空虚，直捣魏都大梁。庞涓撤军回救，疲惫不堪的魏军走到桂陵之时，中了齐军的埋伏，大败而归，这就是围魏救赵的故事。桂陵之战也因此成为历史上的著名战例。

十多年后，齐魏又一次大战。齐国派孙膑用计诱敌深入，魏国庞涓带兵十万进入齐国。庞涓轻敌冒进，在马陵遭遇埋伏。齐军万箭齐发，庞涓自杀，魏军主力被歼。从此，魏国国力大大削弱，齐国强大起来。

战国末期，强大的秦国不断通过战争兼并东方各国的土地。公元前260年，秦赵之间发生空前激烈的长平之战。赵军大败，40万人被俘，绝大部分被坑杀。

赵国是战国后期的一个东方大国。秦军向东挺进，欲统一中国，必先挑战赵国。赵王派老将廉颇驻守长平，廉颇坚守不出，双方长期相持。秦军散布谣言：廉颇要降秦。赵王果然上当，派只会纸上谈兵、毫无战争经验的赵括替换廉颇。秦将白起设伏兵把赵军围困起来，截断赵军粮道，赵军被围46天，弹尽粮绝，最后，赵括被秦军射死，赵军向秦军投降。

百花齐放与百家争鸣

社会大变革的春秋战国时期，文化异常繁荣，哲学思想流派纷呈，出现了百家争鸣的局面，社会各阶层都对社会变革提出自己的看法和主张。

老子是道家学派的创始人。他的学说记录在《道德经》里。老子认为，一切事物都有其对立面，如难和易、长和短、好和坏，对立的双方是可以相互转化的。老子善于从正反两个方面思考问题。

老子石像（福建泉州清源山）

老子，姓李名耳，春秋晚期楚国人。他做过周朝的史官，掌管王室的藏书，学识渊博。孔子曾经向他请教过问题。后来，孔子对弟子们说：老子道德高深，真是能上天入海的龙一样的人物。

孔子
（绘画图）

百家争鸣中的主要学派有儒、墨、道、法等家。其中以儒、墨两家影响较大，并称"显学"。

孔子是儒家学派的创始人，他提出"仁"的学说，"仁"包含一切美德。他主张"爱人"，要求统治者体察民情，"为政以德"，他反对苛政和任意刑杀。

孔子又是伟大的教育家。孔子办学主张"有教无类"，不问出身，使平民也有受教育的机会，扩大了教育对象的范围，打破了由奴隶主贵族垄断教育的"学在官府"的局面。

孔子对保存古代文化典籍做出很大的贡献。相传孔子编订和整理《诗》《书》《礼》《易》和《春秋》，这五部书后来被奉为儒家的"五经"。

后来，孔子的学说成为封建文化的正统思想，在中国传统文化中占有非常重要的地位，对后世影响极大。

墨子，是墨家学派的创始人和代表人物，墨家学派代表了小生产者的利益。墨子主张"兼爱""非攻""尚贤"。《墨子》一书是研究墨子和墨家学派的主要资料。《墨子》中的《墨经》，记载了许多生产技术和科学知识，反映了战国时期人们对科学的认识水平。

墨　子
（绘画图）

孟　子
（绘画图）

孟子和荀子，都是战国时期儒家的代表人物。

孟子继承和发展了孔子的学说，有"亚圣"之称。孟子提出"仁政""民为贵""君为轻"，有"重民"思想。

荀子认为"天有常道""地有常数"，自然界具有不以人的意志为转移的客观规律。自然界的客观规律不以社会政治的好坏而转移。其思想反映了朴素的唯物主义观点。主张人可以掌握自然的变化规律并加以利用，造福人类。

庄子，是战国时期道家的代表人物。他继承了老子的学说，并把"道"发展成主观唯心主义，认为世界就是"我"的主观产物。庄子鄙视富贵利禄，痛恨"窃钩者诛，窃国者为诸侯"的不公平社会现象。

韩非子，战国时期法家的集大成者。主张"以法为本"来治国。"法"是代表新兴地主阶级意志和利益的法令制度。韩非子主张由国家制定法令，向全国公布，除国君外，所有臣民都必须遵守，做到"法不阿贵"。这对于打击奴隶主贵族特权，维护新兴地主阶级的中央集权制具有进步意义。

春秋战国

春秋战国时期又称东周时期，一般史学界以三家分晋、田氏代齐为春秋、战国分界线。

春秋时期，简称春秋，指公元前770年至前476年。春秋时代周王的势力减弱，诸侯群雄纷争，齐桓公、晋文公、宋襄公、秦穆公、楚庄王相继称霸，史称"春秋五霸"（另一说认为春秋五霸是齐桓公、晋文公、楚庄王、吴王阖闾、越王勾践）。春秋时期之后是战国时期。

自东周开始，周朝由强转弱，王室日益衰微，大权旁落，诸侯国之间互相征伐，战争频繁。小诸侯国纷纷被吞并，强大的诸侯国在局部地区实现了统一。公元前453年，晋国的韩、赵、魏三家大户，将晋国进行了瓜分，分别建立了国家，即著名的"三家分晋"。公元前379年齐国公族田氏取代姜姓成为齐侯，是为"田齐"。于是，七雄并立，互相争霸的战国时代逐步到来。

战国是我国继春秋列国时代以来的又一个诸侯割据的时代。与春秋在历史上并无明确界限，仅依历史惯例，以三家分晋为起始标志，至前221年秦统一六国终止。

战国时期，诸多中小诸侯国已被吞并，余下的秦、楚、燕、韩、赵、魏、齐七国成为战国时期的主要诸侯国，史称"战国七雄"。由于商鞅变法起到了富国强兵的作用，秦国逐渐强大起来，并逐一灭掉了六国，完成了"秦王扫六合"的统一大业，建立"海内为郡县，法令由一统"的统一国家。

每章一得

你知道《孙子兵法》与《孙膑兵法》吗

《孙子兵法》是中国最古老、最杰出的一部兵书，历来备受推崇，研习者辈出。司马迁《史记》记载："孙武'以兵法见于吴王阖庐'"。阖庐曰："子之十三篇，吾尽观之矣，可以小试勒兵乎?"《孙子兵法》有十三篇，是世界上最著名的三大兵书之一。

《孙膑兵法》是中国古代最著名的军事著作之一，古称《齐孙子》，作者为孙膑，传说他是孙武的后代，在战国时期曾和庞涓一块儿学习兵法。《孙膑兵法》是反映古代道家思想与军事思想的代表作之一。它是战国时期战争实践的理论总结，继承了前辈军事家的优秀成果，又对这些成果进行了发挥创造，在我国军事思想史上占有重要地位。

材料阅读

子曰："学而时习之，不亦说乎？有朋自远方来，不亦乐乎？人不知而不愠，不亦君子乎？"

子曰："知之为知之，不知为不知，是知也。"

子曰："三人行，必有我师焉。择其善者而从之，其不善者而改之。"

——《论语》

想一想

1. 孔子的三段话对你的学习有什么帮助和指导？

2. 孔子是儒家学派的创始人，为什么儒家思想会成为中国封建社会的正统思想？

3. 孔子是中国古代的大思想家、大教育家，你能说一下孔子的教育思想对现代教育有什么影响及积极的作用吗？

自我测评

1. "劳动创造人本身"说明人与动物的根本区别是（   ）。

　　A. 直立行走　　　B. 制造工具　　　C. 使用语言　　D. 造屋定居

2. 中国传说时代的治水英雄是（   ）。

　　A. 尧　　　　　　B. 舜　　　　　　C. 禹　　　　　D. 鲧

3. 世袭制代替禅让制，使"公天下"变成了"家天下"的国王是（   ）。

　　A. 舜　　　　　　B. 尧　　　　　　C. 禹　　　　　D. 启

4. 下列哪一项是百家争鸣局面出现的主要原因（   ）。

　　A. 私学的兴盛　　　　　　　　B. 诸侯国的兼并战争

　　C. 社会大变革　　　　　　　　D. 士人的思想解放

5. 春秋战国时期，主张建立君主专制中央集权的封建国家、由君主掌握一切大权，主张改革，提倡法制的代表人物是（   ）。

　　A. 孙武　　　　　B. 孙膑　　　　　C. 孟子　　　　D. 韩非子

6. 填写下面诸子百家简表

学派	代表人物	代表作	主要思想
儒家			
道家			
墨家			
法家			
兵家			

活动建议

搜集并讲述有关诸子百家的故事。

第 二 章

大一统的秦汉王朝

（公元前221—公元220年）

公元前221年，秦王嬴政统一六国，建立了中国历史上第一个统一的多民族国家，自称始皇帝。自秦始皇起中国确立了专制主义中央集权制度，为中国几千年封建社会的政治制度奠定了基础。西汉时期政治上"承秦制"，经济上大力发展生产，科技文化领先于世界各国。

秦汉时期是中国历史上第一个大统一时期，也是统一多民族国家的奠基时期，之后中国几千年来的封建政治制度、经济制度、思想文化均是从这一时期发展起来的。

秦汉王朝历时四百余年，这四百多年是中国封建君主专制和中央集权形成、确立和发展的重要时期。与此同时，社会经济的蓬勃发展、陆上丝绸之路的开辟、文化的高度繁荣、中国传统文化主流思想的形成与基本确立、造纸术等许多科技成就领先世界。汉朝时期中国不仅成为世界经济的中心，也是唯一能和罗马帝国相媲美的国家。

第一节 秦帝国的兴亡

（公元前 221—前 207 年）

"秦王扫六合，虎视何雄哉！挥剑决浮云，诸侯尽西来。"这是唐代大诗人李白的诗句，描述秦王统一六国的庞大气势，然而秦朝只经历了二代就灭亡了。你知道秦王是怎样统一六国的吗，秦王统一六国后采取了哪些措施巩固和加强统治，盛极一时的秦帝国又是怎么灭亡的吗？

"秦王扫六合"

战国以来，各国之间经济文化联系不断加强，政治上的分裂状态阻碍了社会发展，统一成为大势所趋。

商鞅变法后，秦国逐渐成为七国中实力最强的国家，不断兼并邻国的土地。公元前260年长平之战后，六国再无抵抗秦国的能力。

公元前230—前221年，秦国先后兼并韩、赵、魏、楚、燕、齐六国，建立了中国历史上第一个统一的多民族国家，定都咸阳，秦王嬴政称始皇帝。秦朝的建立为中国两千多年封建制度的确立和发展奠定了基础。

想一想
国家统一对各地区、各民族的经济文化发展有什么好处？

皇帝制度

秦王嬴政统一六国之后，自认为"德兼三皇，功过五帝"，决定用"皇帝"作为国家最高统治者的专用称号，并建立起皇权专制的政治体制，即皇帝制度。

皇帝制度不仅仅体现在"皇帝"一词上，对和皇帝相关的诸事均制定了法定称号。臣民对皇帝称"陛下"，史官记事称皇帝"上"，皇帝自称"朕"，其他人不得僭越；皇帝所用车马衣服器械百物称"乘舆"；皇帝驾临曰"幸"，所在地为"行在所"，所居曰"禁中"；皇帝用的印称为"玺"；其命令称为策书、制书、诏书、戒书；皇帝死曰"崩"。

秦始皇（绘画图）

除皇帝制度外，秦朝还在中央设立三公九卿制，地方上实行郡县制，由此形成一套完整的封建专制主义中央集权制度。在此后两千多年的封建社会中，基本上沿用了这一制度。

实行统一经济、文化政策

秦始皇在经济上统一车轨、统一货币、统一度量衡，促进了秦朝商业经济的发展。

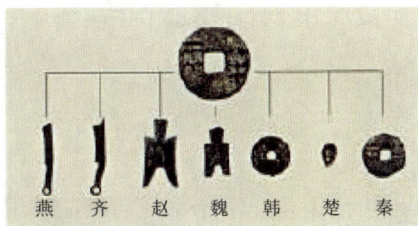

燕　齐　赵　魏　韩　楚　秦

秦统一货币示意图

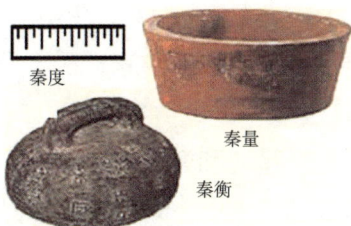

秦度

秦量

秦衡

秦度量衡

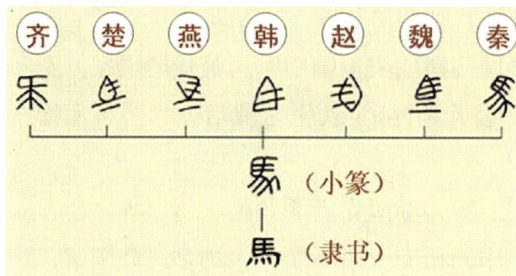

秦统一文字表

文化上统一文字，将小篆作为全国统一的官方文字。后来因小篆书写过于繁琐，逐步演变为隶书。

焚书坑儒

公元前213年，丞相李斯主张禁止百姓以古非今，以私学诽谤朝政。秦始皇采纳李斯的建议，下令焚烧《秦记》以外的列国史记，对民间医药、卜筮、种树之书以及不属于"博士管所职"的私藏《诗》《书》等也限期交出烧毁；有敢谈论《诗》《书》者处死，以古非今的灭族；禁止私学，想学法令的人要以官吏为师。此即"焚书"。

公元前212年，方士卢生、侯生等替秦始皇求仙失败后，私下谈论秦始皇的为人、执政以及求仙等各个方面，之后携带求仙用的巨资出逃。一些儒生和游士引用儒家经典，借用古代圣贤的言论批评时政，秦始皇知道后大怒，故而迁怒于方士，下令在京城搜查审讯，抓获460人并全部活埋。此为"坑儒"。

> **议一议**
> 我们如何看待"焚书坑儒"事件？

北击匈奴，南征百越

公元前214年，秦始皇遣将军蒙恬率军北击匈奴，迫使匈奴北迁。之后，为防匈奴南下，蒙恬奉命征发大量民工在燕、赵、秦长城基础上，修筑了西起临洮(今甘肃岷县)，东到辽东的万里长城，为巩固秦北部边地发挥了重要作用。

公元前218年，秦发动对百越部落的战争，公元前214年将百越纳入秦朝版图。征服岭南的战争是秦始皇统一中国的重要组成部分，自此奠定了中国统一多民族中央集权国家的基本格局。

陈胜、吴广起义和楚汉相争

秦始皇灭六国后，横征暴敛，致使百姓生活困苦。秦始皇死后，胡亥继位，称秦二世，二世更加残暴，人民苦不堪言，因而爆发了陈胜、吴广农民起义。

陈胜、吴广起义（安徽宿州涉故台雕像）

壮士不死则已，死即举大名耳，王侯将相宁有种乎？

——《史记》

公元前209年夏，一些贫苦农民被征发到渔阳（今北京密云）戍边，队伍行至蕲县大泽乡（今安徽宿县境），遇到大雨，因道路被冲毁而无法按期到达。按照秦法规定戍卒误期当斩。于是陈胜、吴广率众起义，进行反秦斗争。义军先后攻占大泽乡、蕲县，在攻下楚的故都陈县（今河南淮阳）时，已有兵车六七百乘，战马千余匹，战士数万人。陈胜被推举为"张楚王"，以陈县为都城，建立了农民政权，提出了"伐无道，诛暴秦"的口号，以号召群众。由于秦军的强大，不到半年时间，起义军被镇压下去，陈胜、吴广相继遭到部下杀害，起义失败。

陈胜、吴广起义是中国历史上第一次大规模的农民起义，他们的革命首创精神鼓舞着后世劳动人民起来反抗统治阶级的残暴统治，在中国农民战争史上占有重要地位。

公元前208年2月，项梁召集楚地各路义军首领于薛县（今山东滕州）议事，商讨起兵反秦。公元前207年，刘邦率兵直逼咸阳，秦朝统治者子婴向刘邦投降，秦朝灭亡。

自公元前206年至前202年，刘邦、项羽为争夺政权而进行的一场大规模战争称为楚汉之争，最终刘邦取得胜利，建立了西汉王朝。

第二节 大一统的汉王朝

（公元前 202—公元 220 年）

> "汉祖起丰沛，乘运以跃鳞。手奋三尺剑，西灭无道秦。"汉高祖刘邦夺得政权，一统天下，然而由于多年战乱的影响，社会面对诸多困难，对此汉初统治者采取了哪些措施？汉武帝又采取了哪些措施加强中央集权？汉武帝对中国历史发展有什么作用与影响？东汉王朝是怎样建立起来的，又是如何走向了灭亡？

汉朝分为西汉和东汉。西汉由汉高祖刘邦于公元前202年建立，至公元9年灭亡，历时210年。东汉由汉光武帝刘秀于公元25年建立，至220年灭亡，历时195年。

文景之治

汉高祖及后继者汉文帝、汉景帝等，吸取秦朝灭亡的教训，采取了轻徭薄赋、重视农业生产、提倡节俭、"以德化民"等有效的措施，使经济发展逐步恢复。

文景时期，人民的生活水平得到了很大程度的提升，国家稳定，社会繁荣，这种盛世局面被称为"文景之治"。文景之治是中国封建社会的第一个繁盛时期，为汉朝的强盛奠定了基础。

讲一讲

你看过哪些与西汉相关的电视、电影？你最喜欢的是哪一部？请讲一讲你的理由。

汉文帝（绘画图）　　汉景帝（绘画图）

汉武盛世

汉武帝刘彻，是汉朝的第七位皇帝，在位54年，促成了汉王朝强盛的局面，即"汉武盛世"。汉武帝开辟了辽阔的疆域，奠定了汉朝的基本版图。

汉武帝采取了如下一些具体措施。

1. 政治上：听取主父偃建议，颁布"推恩令"，加强中央集权；重视人才，唯才是举

汉武帝在位期间曾两次颁布求贤诏，选拔人才不拘出身与民族差别。大将卫青、霍去病是奴婢出身；丞相公孙弘、御史大夫兒宽，严助、朱买臣等人是贫苦平民出身；御史大夫张汤、杜周，廷尉赵禹则是从小吏中选拔出来的。与此同时，汉武帝不局限于任用汉人，还会任用一些越人、匈奴人，如和霍光、上官桀一起被托孤的重臣金日磾（音：jīnmìdī），曾经被汉朝俘虏，在宫中养马。（

汉武帝（绘画图）

2. 思想文化上："罢黜百家，独尊儒术"

公元前134年，汉武帝命令地方举贤纳良，献计献策，董仲舒在被举荐人才之列。董仲舒对汉武帝提出的三个关于天人关系的问题进行作答，即"天人三策"，并且提出"罢黜百家，独尊儒术"的建议。

董仲舒（绘画图）

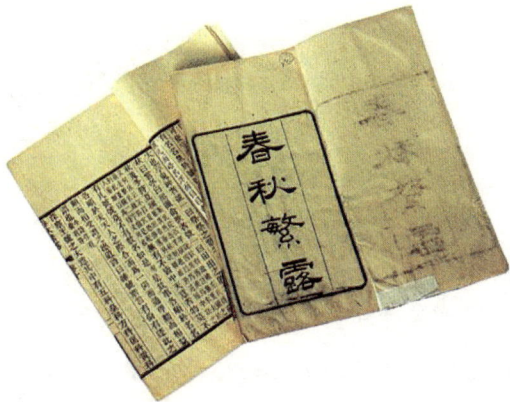

《春秋繁露》

3. 经济上：盐铁官营，中央统一铸造发行五铢钱

汉武帝时期，收回地方铸造货币的权力，由中央统一铸造发行五铢钱。一直到隋朝，仍在发行五铢钱，它是我国历史上铸行最多、使用时间最长的货币。

汉朝五铢钱

隋朝五铢钱

4. 军事上：对外征伐，开拓疆域

汉初，朝廷一直对匈奴采取和亲政策。汉武帝继位后，结束高祖以来对匈奴的和亲政策，对匈奴正式宣战，派卫青、霍去病出击匈奴，收复河套地区，夺取河西走廊，打通西域，将当时汉朝的北部疆域从长城沿线推至阴山甚至更远。

公元前1世纪中期，匈奴分裂为几部，其中一部的首领呼韩邪单于向汉朝称臣。汉元帝时，呼韩邪单于入朝请求和亲，宫女王昭君主动请求前往和亲。

王昭君，即王嫱（qiáng），字昭君，原为汉宫宫女。公元前54年，匈奴呼韩邪单于南迁至长城外的光禄塞下，同西汉结好，约定"汉与匈奴为一家，毋得相诈相攻"。并三次进长安入朝，向汉元帝请求和亲。王昭君听说后请求出塞和亲。她到匈奴后，被封为"宁胡阏氏"（阏氏，音焉支，意思是"王后"），象征她将给匈奴带来和平、安宁和兴旺。

昭君出塞（绘画图）

5. 对外关系：沟通西域，开辟丝绸之路

西汉初年，西域小国林立，受到匈奴的控制。其中大月氏国的统治者在与匈奴的交战中受辱，发誓报复匈奴。汉武帝任命张骞为中郎将，出使西域，联合西域的大月氏夹击匈奴。公元前138年张骞第一次出使西域，归途中被匈奴俘虏，至公元前126年，匈奴内乱，张骞乘机逃回汉朝。此次出使西域，虽未能完成联合

张骞雕像

大月氏的战略意图，但对西域的风土人情有了比较详细的了解，为汉朝开辟中亚的通道提供了宝贵的资料。公元前119年张骞奉命第二次出使西域，促成西汉与西域诸国的往来，为"丝绸之路"的开通做出巨大贡献。

汉武帝统治时期，在政治、经济、思想文化等方面，采取了一系列加强中央集权的措施，使西汉进入鼎盛时期，这也是中国封建社会的第一个鼎盛时期。

议一议

若用一个词来形容汉武帝，你会选择哪个词语？

东汉的兴衰

西汉末年，外戚宦官专权。公元9年，外戚王莽夺权，自立为帝，改国号为新，托古改制。王莽改制激化了社会矛盾，新莽末年爆发了绿林赤眉起义，汉朝宗室出身的刘秀趁势而起。

公元25年，刘秀称帝，仍沿用汉的国号，定都洛阳，刘秀就是汉光武帝。汉光武帝整顿吏治，缓和社会矛盾，以"柔道"治天下，使社会安定，经济繁荣，史称"光武中兴"。汉明帝和汉章帝在位期间，东汉进入全盛时期，史称"明章之治"。

汉光武帝刘秀（绘画图）

东汉中后期，太后称制，外戚干政，朝政日益腐败，豪强势力大肆兼并土地。184年爆发黄巾起义，朝廷令各州郡自行募兵，方将民变基本平定，却导致地方豪强拥兵自重。190年，曹操胁迫汉献帝迁都许昌，"挟天子以令诸侯"，揭开了东汉末年军阀混战的序幕，东汉政府名存实亡。220年，曹丕以魏代汉，结束了汉朝四百多年的统治，中国历史进入三国时期。

第三节 秦汉经济与文化

在大一统的形式下，秦汉经济繁荣发展，农业、手工业、商业都取得一定成就，为之后经济的发展奠定重要基础。政治的一统、社会的安定、经济的发展又促使秦汉文化发展繁荣，儒家思想成为中国传统文化的主流思想。秦汉时期具体的经济成就有哪些？儒家思想为何会成为主流呢？

秦汉经济

　　农业是封建经济的重要组成部分，也是统治者最重视的一部分。春秋战国时期土地私有制逐步确立，铁犁牛耕的使用大大推动了农业经济的发展。秦汉时期铁犁牛耕进一步推广，还出现了新的农业工具：耦犁、耧车。

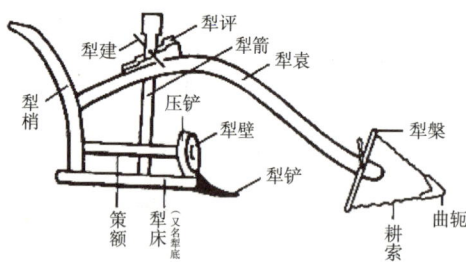

耦犁（示意图）

耧车（仿制品）

　　耦犁：汉时，由二牛合犋牵引、三人操作的一种耕犁，可以调节耕地的深浅。

　　耧车：播种工具，用牛牵引，种子从耧斗顺着耧足播入土中。用耧车耕种的土地，如同用小犁犁过一样，直接将犁地和播种结为一体，大大地提高了农业生产效率。我国播种工具的成熟使用比西方要早1000多年。

> **说一说**
> 你知道的农业生产工具有哪些？

二牛抬杠（绘画图）

　　用耦犁，二牛三人，一岁之收常过缦田亩一斛以上，善者倍之。

——《汉书·食货志》

两汉时期，为了提高农作物产量，使黄河之水变得水旱从人，朝廷派人对黄河进行了治理。其中规模较大的一次是汉武帝时，另一次是东汉明帝时。

《史记·河渠书》中记载，公元前109年，汉武帝令"汲仁、郭昌发卒数万人塞瓠子决"，并亲率臣僚到现场参加堵口，说明黄河堵口已经是相当浩大的工程了。史书记载东汉时的一次大规模治河工程是公元69年"王景治河"，"永平十二年，议修汴渠"，"遂发卒数十万，遣景与王吴修渠筑堤，自荥阳东至千乘海口千余里"。王景对黄河加以疏通治理，此后八百多年黄河没有改道。

中国是世界上最早种桑养蚕的国家，到了汉代纺织技术已经相当高超。通过丝绸之路，丝绸远销中亚、西亚，远至地中海区域，闻名中外。20世纪70年代发掘的长沙马王堆汉墓，仅在一号墓中，就出土了丝织品成衣50多件，衣料40多卷，此外，还有绣枕、香巾、鞋袜和香囊等。其中一件素纱禅衣，衣长128厘米，袖长190厘米，薄如蝉翼，轻软透明，总重量才49克。

素纱禅衣
（湖南长沙马王堆汉墓出土）

儒学独尊

秦时，法家思想占主导地位。汉初，黄老思想盛行，统治者最推崇道家的"无为"思想。汉朝中期，汉武帝采纳董仲舒的建议"罢黜百家，独尊儒术"，确立儒学独尊的地位。

董仲舒的主要思想主张：

1. 春秋大一统。
2. 罢黜百家、独尊儒术。
3. 天人感应、君权神授。
4. "三纲五常"。

儒学独尊，使儒家思想成为中国传统文化的正统，成为中华文明的主流思想，对中华民族的性格和情感产生了重要影响。

> **搜一搜**
>
> 董仲舒提出的"三纲五常"具体指的是什么？当今社会出现了新的"三纲五常"又是什么？你如何理解这种变化？

佛教的传入和道教的兴起

佛教是当今世界上的三大宗教之一，它起源于古印度。

佛教传入中国的具体时间尚不确定，大致是在西汉末年。汉武帝开通西域，加强了中国与西域各国的联系，之后佛教由丝绸之路传入中国。一般认为是东汉明帝时期，派人前往西域求法，佛教正式传入中国。

洛阳白马寺

据说汉明帝做了个梦，梦里看见有个金人，头顶上有一道白光，绕着殿飞行，忽然升到天空，往西去了。兰台令史傅毅认为明帝梦见的金人是天竺的佛。

永平七年（公元64年），汉明帝派遣使者12人前往西域访求佛法。公元67年他们同两位印度的僧人迦叶摩腾和竺法兰回到洛阳，带回经书和佛像，开始翻译一部分佛经。相传现存的《四十二章经》是《阿含经》的节要译本。与此同时，汉明帝命人在洛阳建造了中国第一个佛教寺院，就是至今仍然存在的白马寺。

道教是我国土生土长的宗教。道教以"道"为最高信仰，以黄老道家思想为理论根据。

道教主张修身养性，炼制丹药，以求得道成仙。这种主张迎合了封建统治者追求长生不老的欲望，不仅受到统治者的欢迎，也受到普通百姓的追捧，道教在中国逐步发展壮大。

一般认为，道教的第一部正式经典是《太平经》，完成于东汉，因此将东汉时期视作道教的初创时期。道教正式有道教实体活动是东汉末年太平道和五斗米道的出现，而《太平经》《周易参同契》《老子想尔注》三书是道教信仰和理论形成的标志。

在中华大地上有四处被道教封为圣地的名山：湖北十堰市的武当山，安徽黄山市齐云山，四川都江堰市青城山，江西鹰潭市龙虎山。

东汉以后，中国思想领域形成了以儒家为主导，道教、佛教并立互补的局面。三家思想相互吸收，相互融合，隋唐之际出现了三教合一的思想体系。

司马迁和《史记》

司马迁是我国古代伟大的史学家。他生活在汉武帝时期，父亲是史官。司马迁从小受到家庭熏陶，爱好文史，年轻时去各地寻访了许多名胜古迹。父亲死后，他继承父业做了史官，利用国家藏书处，阅读了大量书籍，然后开始编写《史记》，经过十多年的努力，终于成书。

《史记》记述了从黄帝到汉武帝时期的史事，是我国第一部纪传体通史。其书文笔简洁、语言生动，刻画人物栩栩如生，亦是一部优秀的文学著作，被鲁迅誉为"史家之绝唱，无韵之离骚"。

说一说

你知道二十四史有哪些吗？有没有读过其中一部史书？

司马迁发愤写《史记》

因司马迁为李陵辩护，贬低了李广利（李广利是汉武帝宠妃的哥哥），汉武帝把司马迁下了监狱，交给廷尉审问。之后司马迁被定罪，受宫刑，关在监狱里。

司马迁认为受宫刑是一件很丢脸的事，他几乎想自杀。但他想到自己有一件极重要的工作没有完成，不应该死。因为当时他正在用全部精力写一部书，这就是我国古代最伟大的历史著作——《史记》。

他把从传说中的黄帝时代开始，一直到汉武帝太始二年（公元前95年）为止的这段时期的历史，编写成一百三十篇、五十二万多字的巨著《史记》。司马迁在他的《史记》中，对古代一些著名人物的事迹都作了详细的叙述。他对于农民起义的领袖陈胜、吴广，给予高度的评价；对被压迫的下层人物往往表示同情的态度。他还把古代文献中过于艰深的文字改写成当时比较浅近的文字。书中的人物描写和情节描述形象鲜明、语言生动活泼。因此，《史记》是一部伟大的历史著作，在我国的史学史、文学史上都享有很高的地位。

司马迁（绘画图）

第四节 秦汉科技艺术

　　两汉时期社会经济的繁荣为科技文化的发展创造了条件，人们在许多领域取得了非凡的成就。你知道这一时期科技文化有哪些突出成就，这些成就对中华文明的发展产生了哪些影响？

　　秦汉时期是中国古代科学技术体系的形成时期，秦汉时期的科技成果是中华民族智慧的结晶，是中华民族的骄傲。先进的科学技术又是与秦汉时期的国家统一、经济发展和各民族间的经济文化交流密切相关的。

纸的发明和蔡伦改进造纸术

　　中国古代四大发明之一的造纸术，是这一时期先进科学技术的代表，造纸术的发明与改进是对世界文明的巨大贡献。

　　我国是世界上首先发明纸的国家。西汉前期我国劳动人民已经掌握了造纸技术，今天已在许多地方出土了汉代的纸张。大量的考古发掘证明西汉前期我国就已经出现了纸。但是这种纸造价昂贵，只能在上层贵族中使用，很难在民间普及。随着社会经济文化的发展，迫切需要一种轻便、实用、经济的书写材料，于是造纸术应运而生。

蔡伦（绘画图）

　　东汉元兴元年（105年）蔡伦改进了造纸术。他用树皮、麻头、破布及旧渔网等做造纸原料，扩大了原料来源，降低了造纸成本，同时又提高了纸的产量和质量。为纪念蔡伦的功绩，后人把这种纸叫作"蔡侯纸"。

《九章算术》和地动仪

　　秦汉时期数学方面的成就主要是成书于东汉时期的《九章算术》，全书分九章，故称《九章算术》，这是我国古代第一部数学专著，是"算经十书"中最重要的一种，成于公元1世纪左右。该书内容十分丰富，系统总结了战国、秦、汉时期的数学成就。同时，《九章算术》在数学上还有其独到的成就，不仅最早提到分数问题，也首先记录了盈不足等问题，《方程》章还在世界数学史上首次阐述了负数及其加减运算法则。它是一本综合性的数学著作，是当时世界上最简练有效的应用数学，它的出现标志中国古代数学形成了完整的体系。

搜一搜
请利用互联网搜一搜地动仪的工作原理是什么。

秦汉时期，在天文学方面成就最为突出的是东汉的张衡。张衡不仅对月食作出了科学的解释，还发明了世界上公认的最早测定地震方位的地动仪和能够演示日月星辰运行轨迹的浑天仪。

东汉前期，洛阳、陇西地震频繁，其中两次大的地震，死伤很多人。那时的人们缺乏科学知识，以为是神灵主宰，十分恐惧。科学家张衡发明了测定地震方位的地动仪。它有八个方位，每个方位上均有口含龙珠的龙头，在每条龙头的下方都有一只蟾蜍与其对应。任何一方如有地震发生，该方向龙口所含铜珠即落入蟾蜍口中，由此便可测出发生地震的方向。当时利用这架仪器成功地测报了西部地区发生的一次地震，引起全国的重视。这比起西方国家用仪器记录地震的历史早一千多年。

张衡（绘画图）　　　　　　　　地动仪（仿制品）

华佗和张仲景

秦汉时期主要的医学著作是《神农本草经》，成书于东汉时期，是我国现存的第一部药物学著作。

《神农本草经》又称《本草经》或《本经》，与《黄帝内经》《难经》《伤寒杂病论》并称为中医四大经典著作。作为现存最早的中药学著作，《神农本草经》约起源于神农氏，经代代口耳相传，于东汉时期结集整理成书，作者并非一人。它是秦汉时期众多医学家搜集、总结、整理当时药物学经验成果而形成的专著，是对中国中医药的第一次系统总结。《神农本草经》全书分三卷，载药365种，对所收药物进行了分类工作，其中植物药252种、动物药67种、矿物药46种。根据药物的性能和使用目的的不同分为上、中、下三品。

这一时期医学造诣较高的是东汉时期的张仲景和华佗。

姓名	主要成就	图片
华佗	擅长外科手术和针灸，制成全身麻醉药剂"麻沸散"，以减轻病人做手术时的痛苦。还创立了医学体操"五禽戏"，强身健体。	 （绘画图）
张仲景	收集许多民间偏方，结合自己的实践经验，写成了《伤寒杂病论》一书，全面阐述了中医的理论和治病原则。被尊称为"医圣"。	 （绘画图）

《楚辞》和汉赋

秦汉文学成就主要体现在辞赋和乐府诗歌上，对后世的影响也比较大。因为秦朝短命而亡，文学成就不高，所以这一时期的文学成果多集中于两汉。

《楚辞》是屈原创作的一种新诗体，是中国文学史上第一部浪漫主义诗歌总集。经历了屈原的作品始创、屈后仿作、汉初搜集，至刘向辑录等历程，成书时间应在公元前26年至公元前6年。《楚辞》全书共17篇，以屈原作品为主，其余各篇也是承袭屈赋的形式。

汉赋是在汉朝较为流行的一种散文，在两汉时期，文人多致力于这种文体的写作。较出名的有班固的《两都赋序》和司马相如的《子虚赋》《上林赋》。

书法艺术

秦汉时期是汉字演变发展最为重要的时期，也是中国书法的奠基时期。秦统一全国后，将小篆作为全国官方规范书体，但因为书写过于繁琐，逐步演变成隶书。两汉时期，书法艺术走向成熟繁荣，篆、隶、草、行、楷诸体具备，但仍以隶书为主。

李斯《泰山刻石》

轰动世界的秦始皇陵兵马俑

秦汉时期的雕塑艺术水平很高，其杰出代表是轰动世界的秦始皇陵兵马俑。

兵马俑的塑造，基本上以现实生活为基础，手法细腻、明快。每个陶俑的装束、神态都不一样。人物的发式就有许多种，手势也各不相同，面部表情更是各有差异。从他们的装束、神情和手势就可以判断出是官还是兵，是步兵还是骑兵。总体而言，所有的秦俑面容中都流露出秦人独有的威严与从容，具有鲜明的个性和强烈的时代特征。

秦始皇陵兵马俑

秦汉简述

秦汉时期是中国秦汉两朝大一统时期的合称。公元前221年秦灭六国，建立起中国历史上第一个中央集权制的国家。秦王嬴政改名号称皇帝，即秦始皇。秦始皇废分封，立郡县，确立专制主义中央集权统治。秦朝的皇帝制度、三公九卿制、郡县制等制度的建立，为后来历朝历代借鉴沿袭，秦朝确立了中国两千年来封建社会的基本政治格局。然而由于统治者暴虐、阶级矛盾空前激化等原因，秦朝二世而亡。

在经过短暂的分裂之后，汉朝建立，汉朝分为西汉和东汉，共405年。西汉时期基本延续秦的制度，史称"汉承秦制"。西汉"文景之治"是中国封建社会的第一个盛世局面，西汉的政治、经济、军事等成就在汉武帝时期发展至顶峰。

秦汉时期是中国历史上第一个大统一时期，也是统一多民族国家的奠基时期，对中国政治、经济、文化、科技、民族性格等多个方面的发展产生了深远影响。

每章一得

你如何看待汉武帝的功与过

汉武帝的功：

汉武帝统治时期，在政治、经济、思想文化以及军事等方面都是有史以来最为强盛的时期。在汉朝实现了真正意义上的大一统，将西汉王朝推到了最为鼎盛的时期。

政治上，汉武帝为削弱诸侯国的势力，实行了"推恩令"。

经济上，汉武帝统一货币权和盐铁经营权，增加了国家的财政收入，并且促进了经济的发展。

而在思想文化上，汉武帝接受董仲舒的建议，实行"罢黜百家，独尊儒术"的政策，将儒家学说确立为封建社会的正统思想。

在军事上，汉武帝派卫青、霍去病反击匈奴，并且开发南疆，开拓疆土。

这一系列的措施都加强了中央集权，巩固了国家的统一。

不仅如此，汉武帝还两次派张骞出使西域，加强了西域各民族和中原汉族的经济文化交流，也促成了陆上丝绸之路的开通，同时还加强了中西方之间的经济、文化交流。

汉武帝的过：

在汉武帝统治的后期，常年的征战导致国库空虚，经济衰退，民心不稳。不仅如此，汉武帝晚年为追求长生不老，信奉谶纬之学，迷信方士之言，听信谗言。

自我评测

1. 下列有关秦朝说法不正确的是（　　　　）。

　　A. 秦朝刑罚严酷，其中一人犯罪就要杀掉三族的叫"族诛"

　　B. 秦朝末年先后发生了陈胜、吴广和项羽、刘邦两次农民战争

　　C. 陈胜、吴广起义是我国历史上第一次大规模的农民战争

　　D. 秦末农民战争的决定性战役是巨鹿之战，此后秦朝一蹶不振

2. 下列措施属于秦始皇首创的是（　　　　）。

　　A. 修筑长城　　　　　　　　　B. 地方设县

　　C. 使用圆形方孔钱　　　　　　D. 规定最高统治者为皇帝

3. 七年级学生林珊在古字画市场发现一幅蔡伦的字，摊主说是秦朝时期的，非常珍贵。但林珊运用所学历史知识当即指出，字只可能是（　　　　）。

　　A. 西汉以前　　　B. 西汉初期　　　C. 西汉末期　　　D. 东汉时期

4.《史记》叙述的是（　　　）。

    A. 从夏朝到汉武帝时期的史事　　　B. 从原始社会到封建社会的史事

    C. 从西周到西汉的史事　　　　　　D. 从黄帝到汉代时期的史事

5. 我国历史上第一个统一的多民族中央集权国家是（　　　）。

    A. 秦朝　　　　　B. 商朝　　　　　C. 西周　　　　　D. 西汉

材料阅读

材料一："秦始皇时，有900多贫苦农民，被征发到渔阳戍守边境。他们走到蕲县时，遇上大雨，道路被冲毁，不能按期到达。按照秦法，误期都要处死。他们中的两个小队长，杀死了两个押送军官，领导大家举行起义。"

材料二："第一次农民起义失败后，各地反秦农民斗争仍在继续，项羽大败秦军而刘邦趁机攻取咸阳，秦朝灭亡。之后项羽与刘邦为争当皇帝展开了楚汉战争。"

? 想一想

1. 材料一中的事发生在哪一年？具体地点在哪里？这次起义中提出了什么口号？

2. 两位小队长是谁？这一事件标志着什么？

3. 有人认为如果在前往渔阳戍边的途中，没有遇到大雨，秦末农民战争就不会爆发。你认为这种说法对吗？如果你不赞同，请反驳上面的观点。

4. 材料二中秦亡前后，项羽、刘邦所领导的战争，性质发生了什么变化？

活动建议

举行一场汉武帝功过辩论赛。

第 三 章

政权分立与民族大融合

（220—589年）

　　魏晋南北朝，又称三国两晋南北朝，是中国历史上朝代更替频繁且多国并存的时代。这个时期从220年曹丕称帝到589年隋朝统一中国，共369年，可分为三国时期（曹魏、蜀汉与孙吴并立）、西晋时期、东晋时期、十六国时期、南北朝时期（南朝与北朝对立时期，共150年）。

　　魏晋南北朝是中国历史上政权更迭最频繁的时期。由于长期的封建割据和连绵不断的战争，这一时期的思想文化具有显著的区别于其他朝代的特征。

第一节 政权分立

　　魏晋南北朝时期，是我国历史上的一个大分裂时期，虽然有西晋的短暂统一，但随着西晋的快速灭亡，带来的是更严重的分裂和战争。官渡之战和赤壁之战中弱势的一方是如何以少胜多、以弱胜强的？西晋为什么很快就灭亡了？北魏孝文帝的改革有什么历史意义？江南地区是如何得到开发的？

官渡之战

　　官渡之战，是东汉末年"三大战役"之一，也是中国历史上著名的以弱胜强的战役之一。

　　东汉末年，群雄并起，割据一方的军阀互相混战，黄河中下游的袁绍和曹操成为北方实力最强的军事集团。

　　袁绍出身世家大族，具有一定的政治威望。他占据今天的河北、山西、山东等地，拥有强大的军事实力。

　　曹操通过镇压黄巾起义起家，军事实力发展迅速。196年，曹操迎汉献帝到许（今河南许昌），"挟天子以令诸侯"，取得了巨大的政治优势。

200年，曹操与袁绍相持于官渡（今河南中牟），在此展开决战，争夺黄河中下游的统治权。经过一年多的对峙，最终以曹操的全面胜利而告终。曹操以两万左右的兵力，出奇制胜，击破袁军十万。这场战争成为中国历史上以弱胜强、以少胜多的典型战例。这场战争为曹操统一北方奠定了基础。

赤壁之战

曹操统一北方之时，孙权占据长江中下游一带，在江东建立了比较稳固的统治。活动在荆州一带的刘备得到了诸葛亮的辅佐，力量也有所增强。

208年，曹操率军南征，意图占领南方，一统天下。战争之初，曹军顺利地占领荆州的一些地方。但在关键性的赤壁之战中，曹操以二十多万大军败于不足五万兵力的孙权、刘备联军，退回北方。

赤壁之战，是指东汉末年，孙权、刘备联军于208年在长江赤壁（今湖北省赤壁市）一带大破曹操大军，奠定三国鼎立基础的以少胜多、以弱胜强的著名战役，也是三国时期"三大战役"中最著名的一场。它也是中国历史上第一次在长江流域进行的大规模江河作战，标志着中国军事政治中心不再限于黄河流域。

三国鼎立

赤壁之战后，曹操实力削弱，转向经营西北。刘备逐步占有荆州大部分地区，继而攻占益州。孙权在长江中下游实力进一步得到巩固，并向岭南一带发展。

220年，曹操病逝，曹丕废汉献帝，在洛阳称帝，国号魏，东汉灭亡。221年，刘备在成都称帝，国号汉，史称蜀汉。222年，孙权称吴王，国号吴。至此，三国鼎立局面正式形成。

两晋的短暂统治

两晋是西晋和东晋的合称，开始于三国之后，结束于420年。

266年，司马懿孙司马炎废魏称帝，建立晋朝，定都于洛阳，史称西晋。280年西晋灭吴，结束了三国鼎立的分裂局面，重新实现了统一。但西晋统一时间仅37年，是魏晋南北朝长期分裂中"昙花一现"的统一。

灭吴统一后，西晋统治集团迅速腐化。311年，匈奴与羯族等联军攻陷洛阳，俘虏晋怀帝，史称"永

晋武帝司马炎（绘画图）

嘉之乱"。316年，匈奴攻破长安，俘虏晋愍帝，西晋灭亡。

西晋世家大族贪暴恣肆，奢侈成风。大族王恺、石崇互比奢侈，大臣傅咸上疏说"奢侈之费，甚于天灾"，请求皇帝制止，但司马炎不仅无动于衷，还资助其舅争富。

晋惠帝司马衷（绘画图）

317年，西晋皇室司马睿，以建康为都城，在相对安宁的江南建立晋朝，史称东晋，司马睿即晋元帝。东晋政权在江东维持了长期的偏安统治，直到420年刘裕废晋恭帝自立为帝，改国号为宋，东晋灭亡。

南北朝的统治

两晋时期，北方少数民族大量内迁，内迁的民族主要有匈奴、鲜卑、羯、氐、羌等。西晋末年以来的130多年中，我国的北方和西南地区先后出现过十几个少数民族割据政权，史称"十六国"。东晋末年，北方一同归魏，逐渐稳定，而南方这时候恰好进入刘宋时代，南北各自内部稳定，史称南北朝。

南北朝（420—589年）是指中国历史上的一段分裂时期，以420年刘裕篡东晋建立南朝宋为始，至589年隋灭南朝陈为止。该时期上承东晋、十六国，下接隋朝，南北方各有朝代更迭，长期对峙。南朝（420—589年）包含宋、齐、梁、陈四朝，北朝（439—581年）则包含北魏、东魏、西魏、北齐和北周五朝。

北魏孝文帝改革

386年，鲜卑拓跋部的首领拓跋珪建立魏国，史称北魏。439年，北魏统一黄河流域后，各族人民和睦相处、互相影响，民族融合的趋势增强。为了巩固北魏的统治，孝文帝拓跋宏进行了改革。

改革的主要内容有：实行官吏俸禄制，严惩贪污；颁布均田令；迁都洛阳；革除鲜卑旧俗，接受汉族先进文化等。

北魏孝文帝的改革，有利于北方经济的恢复与发展，促进了北方各民族的进步，加快了北方民族大融合的进程。

北魏后期政治日益腐败，国力逐渐衰退，分裂为东魏、西魏，后又被北齐和北周所代，最终，北周灭北齐，统一北方。

孝文帝汉服出御图（河南巩义石窟寺浮雕临摹图）

江南地区的开发

江南地区雨量充沛，气候湿热，土地肥沃，具有发展农业的优越条件。但是，三国之前，中国的政治、经济中心大都在北方，长江以南的许多地区还非常落后。从东汉末年开始，许多人为了躲避北方的战乱，逃往南方地区。西晋以来，在中国古代史上第一次大规模的人口迁移浪潮中，更多的北方人迁往江南，给江南地区带去了劳动力、先进的生产技术和不同的生活方式。

那时候，江南地区的战乱比较少，社会秩序比较安定。经过南北方劳动人民的辛勤劳动，江南的经济迅速发展起来，修建了许多水利工程，大片的荒地被开垦为良田。江南以种植水稻为主，稻田里开始使用绿肥，牛耕和粪肥也得到推广；小麦的种植也推广到江南。

东晋、南朝时期，长江中下游一带的农业发展迅速。福建、广东等地也得到一定程度的开发。

江南地区的开发对我国经济产生了深远影响，为经济重心逐渐南移奠定了基础。

第二节 魏晋南北朝时期的科技文化

魏晋南北朝（三国两晋南北朝）时期，科学文化领域硕果累累，名人辈出。在科学领域有哪些新发明创造？在这一时期，道教、佛教有什么新的特征？有哪些著名的艺术家和代表性的艺术作品？

魏晋南北朝时期的科学发展

祖冲之和圆周率

南朝的祖冲之，是我国历史上伟大的科学家，在数学、天文历法、机械制造等方面，都有突出的成就。

祖冲之（绘画图）

祖冲之勤奋好学，博学多才，他制造了指南车、千里船等机械。他还经过多年测算，编制了一部新的历法《大明历》，这是当时世界上最先进的历法。

祖冲之最杰出的贡献是在数学方面。他在世界上第一次把圆周率的数值精确到小数点后7位数，比欧洲早1000多年。

贾思勰和《齐民要术》

北朝的贾思勰是我国历史上著名的农学家。他注意向有经验的农民学习，并亲自参加农业生产实践。他写的《齐民要术》一书，总结了我国北方劳动人民长期积累的生产经验，并介绍了农、林、牧、副、渔业的生产技术和方法，强调农业生产要遵循自然规律，农作物必须因地种植，不

《齐民要术》书影

误农时；提倡改进生产技术和工具。《齐民要术》是我国现存的第一部完整的农业科学著作，在世界农学史上占有重要地位。

郦道元和《水经注》

北魏的郦道元是我国古代杰出的地理学家。他写的《水经注》以著录水道系统为纲，详细介绍了江河流经地区的山川城镇、地形物产、风土人情、历史古迹等，是一部综合性地理学专著。此书不仅开创了我国古代"写实地理学"的历史，而且在世界地理学发展史上也占有重要的地位。

魏晋南北朝时期的宗教

魏晋南北朝时期的宗教，主要有道教和佛教。

道教是中国土生的宗教，形成于东汉中后期。南朝陶弘景对以前的神仙思想作

了总结，确立了道教神仙理论体系。

佛教是古印度的宗教，自两汉之际传入中国后，终东汉一代，没有得到大的发展。及至汉末，由于战乱迭起，广大群众备受摧残，为宗教的传播创造了有利条件，佛教有了较大的发展。

西晋时期，佛教的般若学更为流行，当朱士行从西域派弟子送回《放光般若经》后，即在僧俗人士中产生了巨大影响，很多僧侣、士人都纷纷宣讲和传诵此经。西晋的佛经翻译，以竺法护翻译的最多、最重要。竺法护于晋武帝时来到中原译经，至西晋末，共译佛经84部188卷。这些译经范围广泛，包括了大乘佛学的主要部分，为大乘佛教在中国的发展打下了基础。

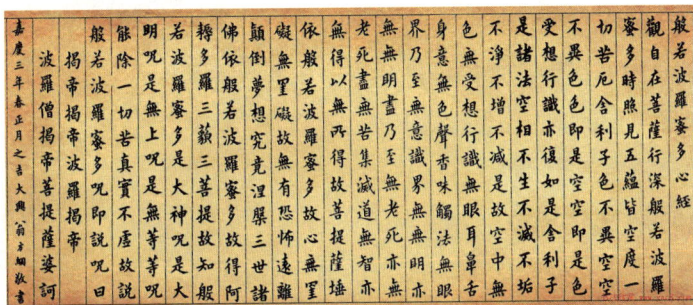

《般若波罗密多心经》（抄本）

魏晋南北朝时期的哲学

魏晋南北朝时期的哲学，受当时的政治经济所制约，有着鲜明的时代特点。在曹魏和西晋时期，出现了杨泉、嵇康、阮籍、欧阳建、何晏、王弼、向秀、郭象等著名哲学家。

魏晋玄学

魏晋时期占统治地位的哲学思想主要是以玄学的形式表现出来的，它是适应门阀士族夺取统治权力和维护身份等级特权的需要而兴起的哲学思潮，它融合儒道，提倡"三玄"（《老子》《庄子》《周易》），以老庄解《易》，用道家的自然无为之说来维护儒家传统的纲常名教。

嵇康，字叔夜，魏晋时学者、文学家、音乐家。按《晋书》记载，嵇康"有奇才，远迈不群。身长七尺八寸，美词气，有风仪，而土木形骸，不自藻饰，人以为龙章凤姿，天质自然。"据《世说新语·容止》，他"风姿特秀。见者叹曰：

嵇康（绘画图）

'萧萧肃肃，爽朗清举'或云：'肃肃如松下风，高而徐引'"。可见他身材高大，相貌堂堂。一副男子汉气派。在晋时，一些男人涂脂抹粉地化妆，而嵇康和他们不同，其英俊是出自自然。

范缜《神灭论》

魏晋南北朝时期佛教盛行，大量良田被占，统治者大肆修建庙宇，不仅没有解脱人民的灾难，反而加重了人民的负担。因此，不断有人出来反对佛教，其中最著名的是南朝的思想家范缜，他写了著名的《神灭论》，在形、神关系方面，提出了"形神相即，形质神用"的命题，给佛教宗教神学的理论基础神不灭论以沉重的打击，把唯物主义的形神关系理论推进到当时所能达到的最高水平，是我国古代思想史上的宝贵财富。

范缜（绘画图）

魏晋南北朝时期文化成就

魏晋时期，文学领域出现了一些杰出的作家，如曹植、阮籍等，而成就最高的当数陶渊明，他以超然不群的成就高踞于众人之上。

魏晋南北朝文学是对两汉文学的继承与发展，在五言古诗和辞赋方面最明显。文人在学习汉乐府的过程中将五言古诗推向高峰；抒情小赋的发展及其所采取的骈俪形式，使汉赋在新的条件下得以发展。

陶渊明（绘画图）

魏晋南北朝出现了文学理论和文学批评，魏曹丕的《典论·论文》、西晋陆机的《文赋》、梁刘勰的《文心雕龙》、梁钟嵘的《诗品》等论著，以及梁萧统的《文选》、陈徐陵的《玉台新咏》等文学总集的出现，形成了文学理论和文学批评的高峰。

从魏晋南北朝时期的文学理论和文学批评的论著中，可以看到一种新的文学思潮，这就是努力将文学从学术中区分出来，进而探寻文学的特点、文学本身的分类、文学创作的规律，以及文学的价值。

关于文房四宝，你知道多少？

北魏砚台

中国古代传统文化中的文书工具，即笔、墨、纸、砚。文房四宝之名，起源于南北朝时期。历史上，"文房四宝"所指之物屡有变化。在南唐时，"文房四宝"特指安徽宣城诸葛笔、安徽徽州李廷圭墨、安徽徽州澄心堂纸，安徽徽州婺源龙尾砚。自宋朝以来"文房四宝"则特指宣笔（安徽宣城）、徽墨（安徽徽州歙县）、宣纸（安徽宣城泾县）、歙砚（安徽徽州歙县）、洮砚（甘肃卓尼县）、端砚（广东肇庆，古称端州）。元代以后湖笔（浙江湖州）渐兴，宣笔渐衰。改革开放后，宣笔渐渐恢复了生机。安徽宣城是我国文房四宝最正宗的原产地，是饮誉世界的"中国文房四宝之乡"，所产的宣纸（泾县）、宣笔（泾县/旌德）、徽墨（绩溪/旌德）、宣砚（旌德）举世闻名，为历代文人墨客所追捧。

极具魅力的艺术

魏晋南北朝时期，书法、绘画、雕塑、音乐、舞蹈等艺术领域，在秦汉的基础上都取得了突出成就，为隋唐艺术的高度发展奠定了基础。

东汉末年，书法成为一种艺术，著名学者蔡邕是当时有名的书法家。魏晋南北朝时，众多的书法家创造出风格多样、繁花似锦的书法艺术。曹魏的钟繇，是楷书（小楷）的创始人，开始把字体由隶书转化成楷书，被后世尊为"楷书鼻祖"。东晋大书法家王羲之博采众长，诸体兼精，世称"书圣"。他的书法代表作有《兰亭序》《黄庭经》等。其子王献之书法造诣也极高，与王羲之合称"二王"。

王羲之（303—361年，一作321—379年），字逸少，汉族，东晋时期著名书法家，有"书圣"之称。琅邪（今属山东临沂）人，后迁会稽山阴（今浙江绍兴），晚年隐居剡县金庭。历任秘书郎、宁远将军、江州刺史，后为会稽内史，领右将军。其书法兼善隶、草、楷、行各体，精研体势，心摹手追，广采众长，备精诸体，冶于一炉，摆脱了汉魏笔风，自成一家，影响深远。风格平和自然，笔势委婉含蓄，遒美健秀。代表作《兰亭序》被誉为"天下第一行书"。

王羲之（绘画图）

魏晋南北朝的绘画，往往带有宗教色彩。三国时的曹不兴被称为"画佛之祖"，是文献记载的最早一位佛像画家。东晋的顾恺之是这一时期最著名的画家。他以擅长画人物著称。他的人物画布局严密、线条流畅，人物栩栩如生，代表作有《女史箴图》《洛神赋图》等。

魏晋以后，因佛教广泛传播，一些地方修建了石窟寺，如山西大同的云冈石窟、河南洛阳的龙门石窟等。这些石窟后来成为闻名世界的艺术宝库。

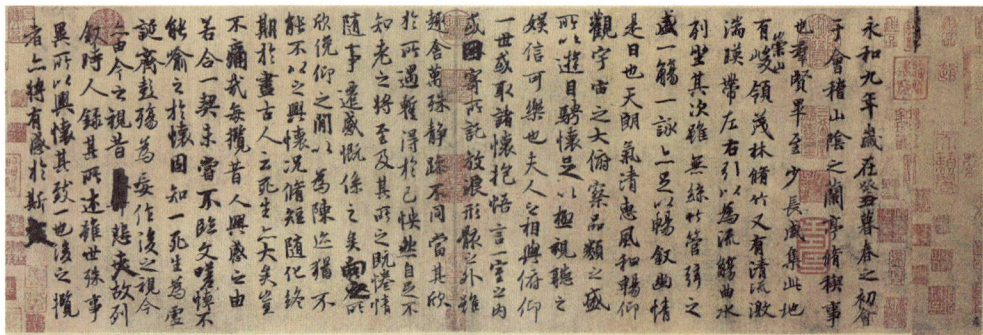

兰亭集序（图片）

云冈石窟大佛（位于山西省大同）

魏晋南北朝

魏晋南北朝是中国历史上政权更迭最频繁的时期。这个时期从220年曹丕称帝到589年隋朝统一中国，共369年。可分为三国时期（曹魏、蜀汉与孙吴并立）、西晋时期、东晋时期、十六国时期、南北朝时期（南朝与北朝对立时期，共150年），其间建立的国家多达几十个。

三国（220—280年）是上承东汉下启西晋的一段历史时期，分为曹魏、蜀汉、东吴三个政权。220年，曹丕篡汉称帝，国号"魏"，史称曹魏；221年，刘备在成都称帝，史称蜀汉；229年，孙权称帝，国号"吴"，史称东吴，至此三国正式成立。曹魏后期，实权渐渐被司马懿掌控。266年，司马炎废魏元帝自立，建国号为"晋"，史称西晋。280年，西晋灭东吴，统一中国，至此三国时期结束，进入晋朝时期。

晋朝（266—420年）上承三国下启南北朝，分为西晋与东晋两个时期，西晋完成统一后不久，于316年被北方少数民族灭亡，北方陷于混乱，从此进入十六国时期。317年，晋室南渡，司马睿在建邺建立东晋，东晋曾多次北伐。383年，东晋与前秦发生淝水之战后，势力得到暂时巩固。两晋时期少数民族迁至中原，加强了民族融合，北人南迁，开发了江南地区。420年，刘裕建立宋，东晋灭亡。历史进入了南北朝时期。

南北朝时期（420—589年），上承东晋十六国下接隋朝，由420年刘裕代东晋建立刘宋始，至589年隋灭陈而终。南朝（420—589年）包含刘宋、南齐、南梁、南陈四朝；北朝（439—581年）则包含北魏、东魏、西魏、北齐和北周五朝。南北方虽各有朝代更迭，但长期维持对峙形式，故称为南北朝。

每章一得

你知道淝水之战吗

317年，西晋灭亡的第二年，皇族司马睿重建晋朝，建都建康（282年建业改名为建邺，313年又改为建康），史称"东晋"。那时候，北方地区陷入严重的战乱，政权更迭十分频繁。

4世纪后期，氐族人建立了前秦政权。前秦皇帝苻坚重用汉人王猛为丞相，励精图治，前秦迅速强大起来，消灭了其他割据政权，统一了黄河流域。

383年，苻坚征集了80多万兵力，打算一举消灭东晋。前秦军前锋与东晋军队8万人隔淝水对峙。东晋将领要求秦军稍向后退，以便晋军渡河与秦军决战。苻坚想趁机予以打击，同意后退。秦军中的氐族人不多，汉族和其他少数民族的将士占大多数，他们不愿意为前秦卖命，秦军一退就溃不成军。晋军趁机发动进攻，大败前秦。

淝水之战后，前秦统治土崩瓦解，北方地区重新陷入割据混战的状态。东晋在南方取得暂时稳定，为经济发展提供了有利条件。420年，大将刘裕自立为帝，国号"宋"，结束了东晋的统治。此后，南方经历了宋、齐、梁、陈四个王朝，总称为"南朝"。

材料阅读

材料一："江南地广，或火耕水耨。民食（食：吃）鱼稻，以渔猎山伐为业。……饮食还给，不忧（忧：担心）冻饿，亦亡（亡：无）千金之家。"

——《汉书》

材料二："江南之（之：作）为国盛（盛：繁荣昌盛）矣。……民户繁育（繁：多），将曩时一矣（指超过了以往任何时期）。地广野丰，民勤本业，一岁或稔（稔：大丰收），则数郡忘（忘：无）饥。会（会：会稽，郡名）土带（带：临）海傍湖，良畴（畴：田）亦数十万顷，膏腴（膏腴：肥沃）上（上：上等）地，亩值一金，鄠杜（鄠杜：关中一带地名）之间，不能比也。荆（荆：荆州）城跨南楚（楚：现湖南湖北一带）之富，扬（扬：扬州）郡有全吴（吴：现江苏）之沃，鱼盐杞梓（杞梓：指木材）之利，充仞（仞：满足的意思）八方，丝绵布帛之饶，覆（覆：供应）衣天下。"

——《宋书》

注：《汉书》为东汉时人所撰关于西汉的历史。《宋书》主要记叙南朝时宋的历史。

❓ 想一想

1. 《汉书》记载的江南经济状况是什么？

2. 《宋书》记载的江南经济状况是什么？

3. 《宋书》记载的江南经济状况与《汉书》记载的江南经济状况不同的主要原因是什么？

自我测评

1. 西晋的都城在（　　　）。

    A. 洛阳　　　　　B. 长安　　　　　C. 东京　　　　　D. 建康

2. 魏晋南北朝时期，完成全国短暂统一的政权是（　　　）。

    A. 北魏　　　　　B. 西晋　　　　　C. 东晋　　　　　D. 前秦

3. 江南地区经济开发的最主要因素是（　　　）。

    A. 雨量充沛，气候较热　　　　　B. 土地肥沃

    C. 人民勤劳　　　　　D. 大量北方人迁到江南

4. 祖冲之在数学领域最突出的成就是（　　　）。

    A. 造出了千里船　　　　　B. 利用并发展了前人创造的"割圆术"

    C. 写了一部数学著作《缀术》　　　　　D. 求得比较精确的圆周率

5. 中国历史上被后人称为"书圣"的是（　　　）。

    A. 顾恺之　　　　B. 王羲之　　　　C. 范缜　　　　D. 张衡

活动建议

了解历史上著名的以少胜多的战役。

第 四 章

繁荣与开放的隋唐社会

(581—907年)

　　581年隋朝建立，隋文帝是开国皇帝，主要的贡献是创立新的选官制度，创立《开皇律》，兴建义仓，简化地方官制。隋文帝时期，国家繁荣强盛，政治清明，史称"开皇之治"。隋炀帝在位前期，改革官制与租调制度，并开始设进士科，开凿运河，增设新仓，重新开通丝绸之路，使隋朝走向极盛。但炀帝的残暴及过度征敛，导致民不聊生，百姓大规模起义，严重的战乱使人口锐减到200余万户。隋炀帝逃到江都，叛军反，被缢弑于江都，隋朝仅存在了几十年便宣告灭亡。

　　唐朝（公元618—907）分前期和后期，以安史之乱为界限，前期是昌盛期，后期是衰亡期。唐高祖李渊建立了唐朝。李世民通过玄武门之变成功登位后，励精图治，使唐朝在中国封建社会达到空前繁荣，出现了"贞观之治"的局面，在政治、经济、文化等各方面都居于当时世界领先地位。此后，唐玄宗时期又出现了"开元盛世"，国强民富，升平之世再现。但同样也是在唐玄宗时期发生了安史之乱，从此唐朝走向了衰亡。

　　隋唐时，典章制度方面多有建树，如三省六部制、科举制、两税法等，对后世影响深远。科举制萌发于南北朝，真正成型是在唐朝。

　　唐朝文学以诗歌成就最大，以初唐陈子昂，盛唐李白、杜甫，中唐白居易、元稹，晚唐李商隐、杜牧为杰出代表。韩愈、柳宗元倡导的古文运动，对后世影响甚大。颜真卿的书法，阎立本、吴道子、李思训、王维的绘画，《霓裳羽衣舞》等音乐舞蹈，以及众多的石窟艺术，均流传后世。

　　科学技术方面，中国四大发明中的印刷术和火药两项均出现于这一时期。

　　隋唐对外采取较为开放的政策，中外经济文化交流频繁。

第一节 隋 朝

和秦朝一样，隋朝也是一个存在时间很短的王朝，但隋朝的统一全国、创新制度、开凿运河等伟业，毫无疑义地确定了它在中国历史上的重要地位。隋朝进行了哪些制度的创新？开凿运河对中国历史的发展有什么重要影响？隋朝又为什么很快灭亡？

581年，北周静帝禅位于外戚杨坚，北周覆亡。杨坚即隋文帝，他改国号为"隋"，定都长安。589年，杨坚次子杨广灭陈，统一南北，结束了自西晋末年以来长达近300年的分裂局面。之后隋炀帝过度消耗国力，最后引发了隋末民变和贵族叛变。618年隋恭帝杨侑禅位于李渊，619年王世充废隋哀帝，隋朝灭亡，享国38年。

议一议

三省六部制与近代三权分立有哪些异同？

加强专制主义中央集权

中央制度

隋文帝杨坚即位后，首先废除北周的官制，代之以新的职官制度三省六部制，以强化中央集权。尚书、门下、内史三省制是隋代中央官制的核心。

科举制度

587年，隋文帝正式设立分科考试制度，取代魏晋以来的九品中正制，自此选官不问门第。科举制度初期设诸州岁贡，规定各州每年向中央选送三人，参加秀才与明经科的考试，606年，隋炀帝增设进士科，科举制度正式形成。当时秀才试方略，进士试时务策，明经试经术，形成一套完整的国家分科选才制度。

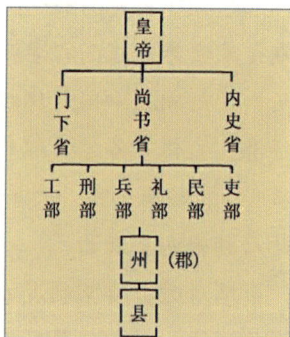

隋朝的三省六部制

分科考试，择优录取，相对公平和公开是科举制度的主要特征。这一制度的创立，表明我国古代的选官制度从以推荐、考察为主转变为以考试为主。通过科举考试，一些门第不高、有真才实学的人进入各级政权担任官职。这一制度沿用了1300多年，影响深远。

开皇之治

开皇年间，隋文帝勤勉治国，锐意革新，确立三省

隋文帝杨坚（绘画图）

六部制；重视选拔人才，推行新的选官制度；废除郡一级机构，裁减冗员；修订法律，废除一些酷刑；继续推行均田制，减轻赋税、徭役；倡导节俭；设置义仓，屯粮以备荒年之用。这些政治、经济举措，有助于政权的巩固，同时促进了经济的发展，使隋朝在较短时间内便形成国家富庶、社会繁荣的盛世局面，史称"开皇之治"。

大运河的开凿

隋炀帝改革官制与租调制度，并开始设进士科，最终形成科举制，开凿运河，增设新仓，重新开通丝绸之路，三次派人到达流求（今台湾省），隋朝走向极盛。

605年，大运河动工开凿，以洛阳为中心，南到余杭（今杭州），北通涿郡（今北京），从北到南分为永济渠、通济渠、邗沟、江南河四段，全长2000多千米，是世界上最长的运河。大运河沟通了海河、黄河、淮河、长江和钱塘江五大水系，成为南北交通的大动脉，带动了沿岸城市的发展。运河沿岸兴起许多商业城市，其中江都（今扬州）更成为隋朝重要的经济中心，同时，促进了各个地区的文化发展与民族融合。

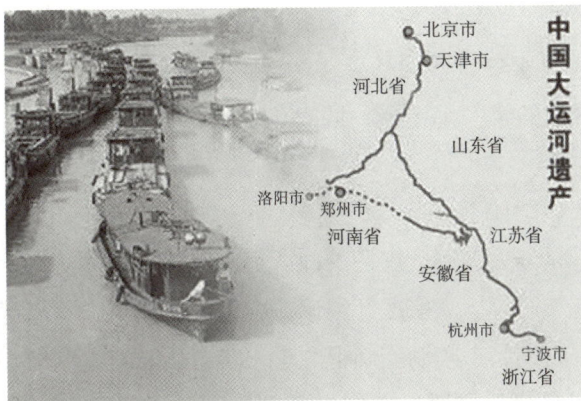

隋朝大运河（南运河）（示意图）

走向覆亡

隋炀帝除开凿运河外，还修筑驰道，修建长城，大肆营建东都洛阳，四处巡游，长期对高丽用兵，耗费了大量的人力、物力、财力，极大地加重了人民的负担。

隋炀帝的暴政激起了农民的武装反抗，在起义军的打击下，隋王朝陷于瓦解。618年，炀帝在江都被部将杀死，隋朝灭亡。

隋炀帝陵（江苏扬州）

第二节 唐 朝

盘点中国古代繁荣富强的时代，唐朝是绕不开的。唐朝之盛，始于贞观年间，经过武则天的承上启下，在开元达到极盛。那么，贞观之治是由谁创造的？武则天作为中国历史上唯一的女皇帝，其政绩如何？唐朝是如何由盛转衰的，又是如何覆灭的？

隋末农民起义勃兴之际，李渊父子于晋阳起兵，势力迅速发展。618年，李渊称帝，即唐高祖，国号唐，定都长安。唐高祖派兵击败各地的起义军和割据势力，逐步基本统一全国。

贞观之治

626年，李世民即帝位，即唐太宗，次年改元贞观。唐太宗即位后，从隋末农民战争中认识到群众的力量，吸取隋灭教训，提出"水能载舟，亦能覆舟"。在其执政的贞观年间（627—649年），在君臣的共同努力之下，国家出现了一个政治清明、经济发展、社会安定、武功兴盛的治世局面，史称"贞观之治"。这是唐朝的第一个治世，同时为后来的开元盛世奠定了基础。

唐太宗李世民
（绘画图）

唐太宗的主要政绩如下。

政治方面：一是知人善用，虚怀纳谏。贞观一朝，人才济济。贤相有房玄龄、杜如海等，名将有李靖等。太宗虚怀纳谏，朝臣进谏成风，著名谏臣有魏征等。二是革新政治。贞观时期，在隋制基础上，进一步革新、完善制度。

经济方面：一是轻徭薄赋，劝课农桑。贞观时，朝廷多次减免租税，兴修水利，促进生产发展。二是戒奢从简。贞观前期，唐太宗力倡节俭，不准修建台榭，禁止地方官进贡珍奇宝货。

文化方面：兴科举，以儒为师，大办学校。

民族政策方面：实行恩威并施的政策，改善民族关系，唐太宗被称为"天可汗"。

武则天的统治

太宗去世后，唐高宗李治继位，大权逐渐落入武则天手中。690年，武则天称帝，改国号为周。她是中国封建社会唯一的女皇帝，也是一位杰出的女皇帝。

唐高宗去世后，太子李显即位，是为唐中宗。因为与唐中宗不合，武则天不久将其废为庐陵王，改立四子李旦为帝，是为唐睿宗。武则天平定徐敬业的反叛后，于690年废唐睿宗李旦，将其降为皇嗣，自己即皇帝位，改国号为周，即武周，定都洛阳（号称神都），成为中国历史上唯一的女皇帝。

武则天在位期间，奖励农桑，轻徭薄赋，重视农业生产。她继续推行均田制。在边远地区实行军事性屯田、营田，成效显著。重视和提倡兴修水利，在独掌政权的21年里，共修地方水利工程十几项。还以境内农田好坏作为奖惩地主官吏的标准。这些措施促进了农业生产的发展和人口的增加。

武则天是一个广听劝谏的皇帝，能广泛倾听各种不同类型的人的意见，然后判断是非、择善而从之。

有一次，朱敬当面批评武则天生活腐化，宠爱男宠，武则天闻之非但不动怒，反而夸奖朱敬"非卿不闻此言"，乃"赐百段"。

武则天打破"上品无寒门，下品无士族"的门阀制度。在统治时期，她进一步发展了科举制，创立了殿试和武举。武则天通过科举、自举和推荐，选拔了一批杰出的人才，成为武周政权的中流砥柱，如狄仁杰、姚崇、宋璟等。北宋史学家司马光亦认为，武则天"政由己出，明察善断"。

> **科举制的形成和发展**
>
> 　　随士族门阀的衰落和庶族地主的兴起，晋以来的九品中正制无法继续。隋文帝废九品中正，开科举士。隋炀帝始建进士科，科举制形成，以后延续了一千多年，直到1905年才废除。唐贞观时，考试以进士、明经科为主。武则天创武举，开创殿试。18世纪欧洲兴起启蒙运动，中国科举制被介绍到欧洲，对欧洲的近代文官制度的确立产生了积极影响。

开元之治

武则天晚年，政局动荡不安，直至唐玄宗李隆基即位，才结束混乱局面。

唐玄宗统治前期，厉行改革，主要政绩有：

第一，选贤任能，改革吏治。他选拔德才兼备、年富力强的人担任宰相，如姚崇、宋璟等。那时官吏多而滥，他采取精简官吏、定期考核等措施，并建立考察制度，精简官僚队伍，裁减冗官，设采访使，发展节度使制度，使得地方权力增大。

第二，大力发展生产。经济上推崇节俭，并恢复武周以来荒废的义仓制度，又通过括户等手段缓解土地兼并导致的逃户问题。

第三，限制佛教。裁汰僧尼，禁建新佛寺。

第四，实行募兵制。军事上改府兵制为募兵制，并复兴日益衰落的马政，对外收复了武周时期沦陷于契丹的辽西营州，及唐睿宗时期赐给吐蕃的河西九曲之地，并再次降服契丹、奚、室韦、靺鞨等民族，西域方面吞并大小勃律且攻灭突骑施，塞北方面降服复国的后突厥，后又扶持回鹘剪灭后突厥。

第五，大兴文治。发展科举，设集贤院，广聚学者。

唐玄宗统治时期，政治较为清明，国家强盛，经济空前繁荣，唐朝进入全盛时期，史称"开元盛世"。首都长安城是世界最大的城市，也是世界上第一个人口过百万的大城市。

唐玄宗李隆基
（绘画图）

议一议

唐太宗、武则天、唐玄宗的治国措施有什么共通点？

唐朝后期的政局

安史之乱

唐玄宗统治后期，政治日渐腐败，社会矛盾激化。755年，统辖今山西、河北、辽宁一带的节度使安禄山发动了反对唐王朝的战争，不久，安禄山的旧部史思明也举兵反唐，直到763年，唐朝才平息了这场持续8年之久的叛乱。安史之乱严重地削弱了唐朝的统治力量，是唐由盛转衰的转折点，之后唐代开始出现藩镇割据的局面。

安禄山（绘画图）

藩镇割据

安史之乱以后，不仅边地依旧由节度使控制，内地也由节度使划区管辖。几十个藩镇各占一方，形成割据局面。

节度使把持区内的军事、财政、民政大权，表面上尊奉朝廷，实际上各自为政。官吏自行委任，赋税收入也不上缴中央。节度使死后，一般由儿子继任，皇帝只能承认，节度使事实上成为为害一方的"土皇帝"。

907年，节度使朱全忠废唐朝皇帝自立为帝，建立梁朝，定都汴梁，史称后梁。

第三节　隋唐时期的科学文化成就

　　隋唐是我国科学文化发展的一个重要时期。那么，科学领域取得怎样的发展？天文历法取得怎样的成就？医学又有哪些进步？文学领域为什么诗歌独树一帜？唐代大诗人代表人物有哪些？

科学发展

雕版印刷术和火药

我国是世界上最早发明印刷术和火药的国家。

隋唐时期已经有了雕版印制的佛经、日历和书籍。唐朝中期的书籍里，已有了制成火药的配方。

唐朝末年火药开始用于军事，火箭是最早的火药武器。

1966年，在韩国庆州佛国寺的一座宝塔（建于702年）里发现《陀罗尼经》经卷，经文里有武则天造的字。据考证，此经卷刻印于武则天时期，后传入新罗。

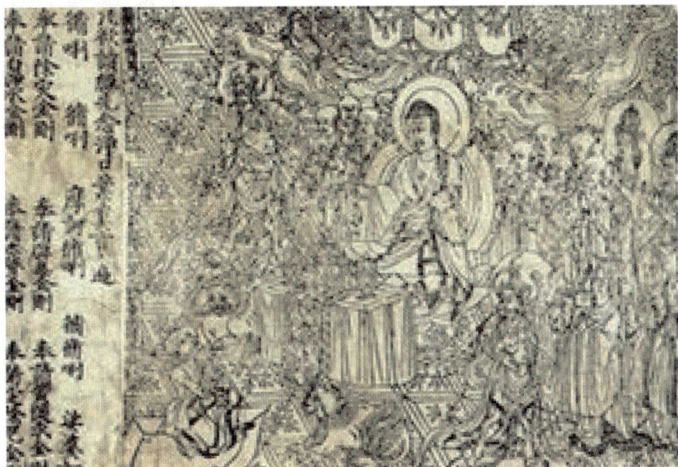

《陀罗尼经》经卷（局部）

　　唐朝于868年印制的《金刚经》，是世界上现存最早的、有确切日期的雕版印刷品。

　　我国现在能看到的第一部记载火药配方的书，约成于八九世纪。书中说"以硫黄、雄黄合硝石，并密烧之"，会发生"焰起，烧手面及烬屋舍"的现象。硫黄、硝石与炭混合，这就是火药的配方。

天文和历法

唐朝杰出的天文学家僧一行制定的《大衍历》，比较准确地反映了太阳运行的规律，系统周密，表明中国古代历法体系的成熟。他还是世界上用科学方法实测地球子午线的创始人。

医学

唐朝杰出医学家孙思邈的《千金方》，全面总结前代和当时的医学成果，并有许多创见，在我国医学史上占有重要地位。

吐蕃名医元丹贡布编著的《四部医典》，在国内外有重要影响。

唐高宗时编修的《唐本草》，是世界上最早由国家颁行的药典。

孙思邈（绘画图）

建筑

隋唐是中国古代建筑技术和艺术的成熟时期，取得了辉煌成就。隋朝著名建筑师宇文恺主持修建了大兴城，唐朝在此基础上扩建为长安城。长安城整体设计合理，建筑规模宏大，体现了当时城市建筑的高超艺术。

隋朝工匠李春建造设计的赵州桥，是现存世界上最古老的一座石拱桥，比欧洲早700多年，"奇巧固护，甲于天下"，在世界桥梁史上占有重要地位。

赵州桥（河北省石家庄）

文学

唐朝文学成就以诗歌最为突出。唐朝读书人都要吟诗写诗，诗歌创作的普及程度是历史上所罕见的，涌现了数量众多的优秀诗人。其中"诗仙"李白和"诗圣"杜甫是唐朝诗坛上璀璨的双星。李白是我国古代最杰出的浪漫主义诗人。他的诗想

李白（绘画图）

杜甫（绘画图）

象力丰富，飘逸洒脱，用词奇绝。而杜甫的诗思想深沉，情感浓郁，真实而形象地反映了历史，被称为"诗史"。杜甫是我国古代伟大的现实主义诗人之一。

史学

唐朝史学开创了国家正式开馆修史这一风潮。贞观年间史馆奉诏所修的正史有《晋书》《梁书》《陈书》《北齐书》《周书》《隋书》六部。加上史家李延寿私撰的《南史》和《北史》，合计廿四史中有八部出在唐朝，占总数的三分之一。官修史书成书较快、收录详尽，但因统治者直接控制修史工作，史家多少会根据编书时的政治需求修史，书中因而有删减或夸大的地方。

第四节　隋唐统一多民族国家的发展和对外关系

> 唐朝实行开放的民族政策和对外政策，各民族你来我往，交流频繁，各国外交使节也纷纷来华，中国民间使者有的东渡，有的西行，谱写了中外交流的美好篇章。唐时边疆有哪些少数民族？日本为什么派遣使者来华？玄奘为什么会到天竺？中外交往过程中还有哪些著名的人物和事迹？

隋唐时期统一的多民族国家得到进一步的发展和巩固。多民族国家的特点是：汉族的经济文化高度发达，边疆各民族社会获得很大的发展和进步，汉族与各民族的统一是在各自的政治经济文化都得到很大发展、相互间更加紧密结合上的统一。唐朝比较开明的民族政策发挥了积极的作用。北方的突厥、回纥、靺鞨，西南的吐蕃、南诏等先后建立政权，开发了祖国边疆地区；交通发达使中原和边疆往来密切，促进了边疆地区经济文化的发展；中央王朝的统治者，尤其是唐朝前期的统治者，推行较为开放的民族政策，在边疆少数民族地区设立机构，加强了中央王朝对各民族地区的管辖，汉族与边疆民族的交往空前繁荣。

回纥到回鹘

回纥是维吾尔等族的祖先，游牧于色楞格河一带。8世纪中期，回纥建立汗国，唐玄宗封其首领为怀仁可汗，双方关系友好。788年，回纥可汗改称回纥为回鹘。

回鹘瓦解后，大部分回鹘人向西迁移，有的西迁西州、龟兹，在高昌建立高昌回鹘（或称西州回鹘）汗国，后被蒙古部族首领成吉思汗降服，改称"畏兀儿"，这一支就是今维吾尔族的祖先；有的西迁河西走廊，以甘州为中心，建立了甘州回鹘汗国，这一支是今裕固族的祖先；有的西迁越过葱岭，在中亚建立了黑汗王朝或称哈剌汗国。

靺鞨和渤海国

靺鞨分布于松花江、黑龙江流域，主要以渔牧为生。698年，粟末靺鞨首领大祚荣在东牟山（今吉林敦化）自称"震国王"，建立政权。713年，唐玄宗册封大祚荣为"渤海郡王"，并加授忽汗州都督，始以"渤海"为号。762年，唐朝诏令将渤海升格为国，渤海正式划入唐朝版图。

南诏的崛起

7世纪前期，在彝族和白族祖先生活的云南洱海一带，分布着六诏，最南边的南诏强大起来，建立了政权。8世纪前期，南诏首领皮罗阁在唐玄宗的支持下，统一六诏。唐玄宗封他为云南王。

吐蕃与唐朝的关系

吐蕃是藏族祖先建立的一个王朝。隋朝时候，青藏高原上建立了一些分散的政权，其中吐蕃政权实力最强。629年，松赞干布继位为赞普，统一了青藏高原，建立起吐蕃王朝，定都逻些（今拉萨）。

松赞干布为了加强和唐朝的关系，学习中原地区的先进文化，634年向唐朝遣使纳贡，请求通婚。640年，唐太宗答应将宗室女文成公主嫁给松赞干布。文成公主入吐蕃，加强了唐蕃经济文化交流，增进了汉藏之间的友谊。

710年，唐中宗又以宗室女金城公主嫁与吐蕃赞普尺带珠丹，进一步加强了唐蕃友好关系。但两个王朝之间也有冲突。

文成公主（绘画图）

唐蕃会盟碑（位于西藏自治区拉萨）

821年至822年唐蕃双方会盟，盟誓"患难相恤，暴掠不作"，史称"长庆会盟"，并于823年建立了唐蕃会盟碑，该碑至今仍屹立在拉萨大昭寺门前，成为汉藏两族人民友好情谊的历史见证。

议一议
唐朝时统治者采取哪些措施来加强与各少数民族的关系？

隋唐时期，对外交通发达，中国与外国的交往比较活跃。陆路方面，从长安出发，向东可到达今天的朝鲜，向西经陆上"丝绸之路"，可以通往今天的印度、伊朗、阿拉伯以至欧非许多国家。海路方面，从登州、扬州出发，可到达今天的韩国、日本；从广州出发，经海上"丝绸之路"，可到达波斯湾。唐朝政府鼓励外商来中国贸易，允许他们长期居住在中国并可任官，和中国人通婚。长安和洛阳聚集了各国的使节、商人，成为当时的国际大都会。唐朝时对外经济文化交流深度和广度远远超过以往各代。

与日本的交往

隋唐时期，中日两国交往密切。隋朝时，已经有日本遣隋使到来。唐朝贞观之后，日本来华的遣唐使有十多批，同来的还有留学生和留学僧等。遣唐使回国后，很受重用。他们以唐朝的制度为模式，进行政治改革。日本人受唐朝文化影响很大，他们参照汉字创制了日本文字，在社会上至今还保留着唐朝人的某些风尚。

鉴真和尚雕像

那时候，唐朝赴日本的使者和僧人也不少，其中最著名的是高僧鉴真。玄宗时，鉴真东渡日本，至第六次才成功。他在日本十年，不断传播唐朝的文化，为中日友好交往做出了重大的贡献。

8世纪以前，日本使用汉字作为记述的手段。留学生吉备真备和学问僧空海和尚，在日本人民利用中国汉字标音表意的基础上，创造了日文假名字母——片假名和平假名，大大推动了日本文化的发展。同时，日文的词汇和文法也受到汉语的影响。日本人的生活习惯、节日风俗也都受到唐朝的影响。唐代丰富多彩的文学，深为日本人民欣赏。唐朝著名诗人的诗文不断传入日本，白居易的诗形象鲜明，语言通俗，尤为日本人民喜爱。唐朝先进的生产技术、天文历法、医学、数学、建筑、雕版印刷等技术成就陆续传入日本。唐人所喜爱的马球、角抵等体育活动先后传入日本。茶叶于奈良时期传入日本，开始被当作药材，到平安时期，日本社会已经兴起了喝茶之风。

与印度的交往

唐朝时，中国同天竺交往频繁，最杰出的使者是高僧玄奘。贞观初年，玄奘从长安出发，历经艰险，到达天竺。他在天竺遍访有名的佛教寺院，并在佛学最高学府那烂陀寺游学，成为著名的高僧。

贞观后期，玄奘携带大量佛经回到长安。他专心翻译佛经，还以亲身见闻写成《大唐西域记》，这部书成为研究中亚、印度半岛以及我国新疆地区历史和佛学的重要典籍。

玄奘（绘画图）

隋唐时期

隋唐时期（581—907年），为隋朝（581—618年）和唐朝（618—907年）两个朝代的合称，也是中国历史上最强盛的时期。是经历了十六国和南北朝漫长分裂时期后的两个大一统皇朝。

581年，隋文帝杨坚建立隋朝，杨坚在位期间，励精图治，革新制度，创立科举，国家繁荣强盛，政治清明，出现了中国历史上的大好局面，史称"开皇之治"。后隋炀帝继位，开凿运河，推进选官制度的改革，使隋朝走向极盛。但由于过度征敛，国内矛盾激化，民不聊生，导致严重战乱，隋朝便宣告灭亡。

从618年李渊建立唐朝，到907年唐哀帝"禅位"于朱温，唐朝共存在了289年，分为前后两个时期，以安史之乱为界限，前期是昌盛期，后期则是衰亡期。唐高祖建立了唐朝，而唐太宗李世民用十年时间完成了统一大业。李世民通过玄武门之变成功登位后，励精图治，使唐朝达至空前繁荣，出现了"贞观之治"，在政治、经济、文化等各方面都居于当时世界领先地位。此后，唐玄宗时期又出现了"开元盛世"，国强民富，升平之世再现。但同样在唐玄宗时期，安史之乱爆发，使得唐朝从此走向了衰亡。

每章一得

你知道三省六部制吗

三省六部制是西晋以后长期发展形成，至隋朝正式确立，唐朝时进一步完善的一种政治制度。作为隋唐至宋的中央最高政府机构，三省一般指中书省、门下省、尚书省，主要掌管中央政令和政策的制定、审核与贯彻执行。六部指尚书省下属的吏部、户部、礼部、兵部、刑部、工部。每部各辖四司，共为二十四司。

内史省（后改为中书省），掌握全国行政大权。"门下省"与中书省同掌机要，共议国政，并负责审查诏令，签署章奏，有封驳之权。尚书省，前身为"尚书台"，是魏晋至宋的中央最高政令机构，为中央政府最高权力机构之一，负责执行诏令。

吏部掌管全国官吏的任免、考课、升降、调动等事务。户部掌全国疆土、田地、户籍、赋税、俸饷及一切财政事宜。礼部管理全国学校事务、科举考试及藩属和外国之往来事。兵部掌管选用武官及兵籍、军械、军令等。刑部审定各种法律，复核各地送部的刑名案件，会同九卿审理"监候"的死刑案件以及直接审理京畿地区的待罪以上案件。工部为掌管营造工程事项的机关，掌管各项工程、工匠、屯田、水利。

阅读材料

材料一："往昔初平京师，宫中美女珍玩，无院不满。炀帝意犹未尽，征求无已，亦东西征讨，穷兵黩武，百姓不堪，遂至之灭，此皆朕所目，故夙夜孜孜，惟欲清静，使天下无事。"

——《贞观政要》

材料二："水能载舟，亦能覆舟。……为人主，可不畏惧！"

——《贞观政要》

材料三："朕终日孜孜，非但忧怜百姓，亦欲使卿等长守富贵。"

——《贞观政要》

? 想一想

（1）根据材料一说明隋朝灭亡与"贞观之治"局面的出现有否关系？理由是什么？

（2）材料二表明唐太宗意识到了什么问题？他说这番话的意图何在？

（3）根据材料三指出唐太宗的根本目的何在。

自我测评

1. 《影响世界的100帝王排行榜》中这样评说隋文帝："他在宝座上实行的一系列改变了中国政治结构的改革，才真正体现了一代雄主的远见卓识。"这里的"远见卓识"含义是（　　　）。

   A. 保证了农业生产的恢复和迅速发展

   B. 完善了专制主义的中央集权制度

   C. 结束了长期分裂，重新完成统一

   D. 通过察举制选拔了大量人才

2. 陕西师范大学胡戟教授指出，隋炀帝"不失为一个伟大的历史人物，是因为他是中国封建社会历史上建树最多的皇帝之一"。隋炀帝在中国历史上的主要建树不包括（　　　）。

   A. 率军灭陈，完成国家统一　　　B. 设进士科，正式创立科举制

   C. 开凿大运河，促进南北交通　　D. 营建大兴城，促进商业繁荣

3. 唐太宗说："凡理国者，务积于人，不在盈其仓库。古人云：'百姓不足，君孰与足？'但使仓库可备凶年，此外，何烦储蓄？"唐太宗认为仓储的主要作用应该是（　　　）。

   A. 满足军费开支所需　　　　　　B. 满足国家建设需要

   C. 用于防灾赈荒需要　　　　　　D. 维持政府运转开支

4. "农业富，天下富"，唐朝的兴衰得益于农业的繁荣，下列因素中对唐朝农业繁荣有直接促进作用的是（　　　）。

   ①社会环境：国家统一强盛，交通发达

   ②生产技术：曲辕犁、筒车的使用

   ③统治政策：统治者轻徭薄赋、劝课农桑

   ④对外关系：实行开放，交往频繁

   A. ①②　　　　　B. ②③　　　　　C. ①④　　　　　D. ③④

5. 在隋唐与各国的交往中，中国有两位高僧做出重要贡献，他们是（　　）。

①一行　　　　　②义净　　　　　③玄奘　　　　　④法显

A. ①②　　　　　B. ③④　　　　　C. ①③　　　　　D. ②③

活动建议

搜集并整理资料，总结隋朝和秦朝的相似之处。

第 五 章

多民族文化的碰撞与社会经济的高度发展

（960—1368年）

　　宋元时期是中国封建社会民族融合进一步加强和封建经济继续发展的时期。中国由分裂逐步走向统一，以汉族为主的两宋政权和蒙古族建立的元朝进一步加强了中央集权。这一时期战争频繁，但各民族政治、经济、文化交流密切。少数民族政权都不同程度地受汉族先进经济文化的影响，先后完成了封建化的过程，各民族进一步走向融合。全国经济重心转移到南方，农业、手工业、商业的发展超过了前代，封建经济高度发展。宋元时期文化成就突出，达到我国封建文化的又一高峰，在世界上处于领先地位。

第一节　两宋政权的建立与灭亡

　　北宋（960—1127年）是中国历史上继五代十国之后的朝代，与南宋合称宋朝，又称两宋，因皇室姓赵，也称作赵宋，传九位皇帝，享国167年。那么北宋是怎么建立的，又是这样灭亡的？北宋统治者采取了哪些措施巩固统治？

北宋的建立

　　960年，后周禁军大将赵匡胤在陈桥驿（今河南封丘）发动兵变，史称"陈桥兵变"。赵匡胤废后周皇帝，建立宋朝，定都东京（今河南开封），史称为北宋。赵匡胤就是宋太祖。

　　北宋建立以后，宋太祖采取"先南后北""先易后难"的战略方针，进行统一南北的战争，基本上削平了南方的割据势力。979年，宋太祖的弟弟宋太宗消灭最后一个割据政权北汉，结束了五代十国的分裂局面。

宋太祖赵匡胤
（绘画图）

中央集权的强化

　　宋初统治者为了改变唐后期以来藩镇割据的局面，先后采取了一系列措施，加强专制主义中央集权。

　　集中军权。宋太祖解除禁军将领石守信等人的兵权，陆续削减节度使的实权，使其徒有虚名；将禁军的统领权一分为三，都直接对皇帝负责；设立枢密院，使其有调兵之权但不直接统领军队，而统领军队的将帅却无调兵之权，使二者互相牵制；实行更成法，规定禁军定期更换驻地，统兵将领不随军调动，以防止武将专权，各地方军的精壮之士都选入禁军，禁军的半数拱卫京师，另一半驻守各地，以达到"强干弱枝""内外相制"的目的。

　　集中行政权。在宰相之下增设参知政事为副相，分割宰相的行政权；设枢密使管理军事，分割宰相的军权；设三司使管理财政收入等，分割宰相的财政权。

　　集中财政权和司法权。北宋在各路设转运使，规定地方赋税留下一小部分作为地方开支，其余由转运使全部运送中央。为了扭转节度使控制地方司法的局面，规定地方司法人员改由中央派文官担任，死刑须报请中央复审核准。这就把地方的司法权收归了中央。

　　北宋初年采取的一系列加强中央集权制度的措施，使藩镇割据的基石得以铲除，从而维护了国家的统一和安定，有利于社会经济的发展。但是北宋的过分集权也带来严重恶果：一是政府机构重叠，官员冗滥，财政开支庞大；二是军队作战指挥不灵，战斗力下降；三是地方财政困难。

科举制的发展

　　北宋的科举制比唐朝有了进一步发展。考试分为乡试、省试、殿试。北宋严格了科举考试程序，殿试成为定制。录取权由皇帝直接掌握，进士及第者成为"天子门生"。考试科目逐渐减少，进士科成为最主要的科目。在考试方法上实行糊名法，即将试卷上的姓名、籍

说一说
你对科举考试有什么看法？

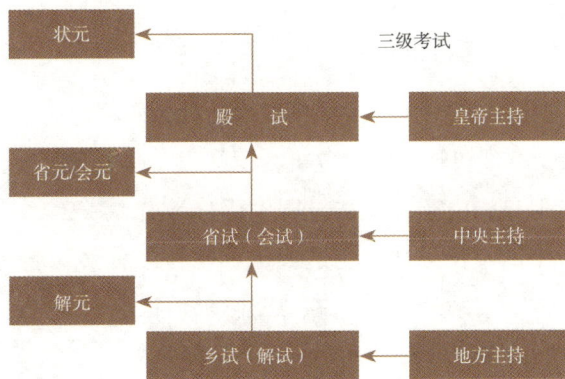

北宋科举制度流程图

贯密封，防止考官舞弊。宋太宗在位二十多年，科举取士近万人。

科举制的发展，为各阶层的读书人进入仕途开辟了道路，使北宋的政权基础进一步扩大，也起到了加强中央集权的作用。

庆历新政和王安石变法

北宋中期出现严重的社会危机主要表现在：第一，土地兼并现象严重；第二，农民的反抗斗争；第三，冗官、冗兵、冗费引发的财政危机；第四，辽和西夏的边患危机。统治集团内部一些人为了摆脱危机，巩固封建统治，提出了变法的主张。其中主要有范仲淹主持的以整顿吏治为中心的改革，史称"庆历新政"。由于受到保守派官僚阻挠，新政仅仅实行一年左右即告失败。

王安石（绘画图）　　范仲淹（绘画图）

1069年，宋神宗任用王安石为参知政事，主持变法。

王安石变法内容表

措施	目的	内容	作用
富国	缓解财政危机，改变积贫局面	青苗法 农田水利法 募役法 市易法 方田均税法	减轻人民负担 抑制豪强兼并 促进生产发展 增加财政收入
强兵	缓解内忧外患，改变积弱局面，巩固封建统治秩序	保甲法 将兵法	节省政府开支 提高军队战斗力 增加武器装备
育才	为变法育人才，造舆论	科举改革 整顿太学	培养革新人才 宣传革新思想

王安石变法是中国古代史上一次规模庞大的社会变革运动。王安石变法使得宋朝的国力由弱转强，一度扭转了统治危机，积贫积弱局面有所改变，短期内取得了富国强兵的效果。但是，由于在变法过程中部分举措不合时宜和实际执行中的不良运作，也造成了百姓利益受到不同程度的损害，加之新法触动了大地主阶级的根本利益，所以遭到他们的强烈反对。元丰八年（1085年），王安石变法因宋神宗去世而告终。

议一议

王安石变法为什么会失败？

宋辽的和战

北宋时期，在我国辽阔的土地上同北宋并立的少数民族政权，主要有契丹族建立的辽，女真族建立的金，以及党项族建立的西夏。

画面上的契丹人，圆脸，短发，髡（kūn）发，额前左右各留一绺头发垂在耳前。他身穿圆

辽墓壁画"引马出行图"（局部）

领窄袖长袍，束腰带，腰间配一把精致的腰刀，脚穿黑色长筒高靴，这是典型的契丹人形象和装束。契丹族是我国古代北方一个古老的少数民族，由秦汉时的东胡族一支发展而来。其主要活动地区是在潢河（今辽河上游的西拉木伦河）一带，过着逐水草迁徙的游牧、渔猎生活，逐渐发展为八个部落。唐朝初年，契丹八个部落组成部落联盟，接受唐朝的统辖。唐朝末年，契丹族势力发展起来。

辽统治者采取"蕃汉分治"的政治制度，中央设置南面官和北面官。南面官由汉人和契丹人担任，沿用唐以来的官制，统治汉人和渤海人，权力不及北面官大；北面官均由契丹人担任，统治契丹人和其他少数民族。

自宋太宗赵匡胤起，北宋曾多次与辽交战，但一直未能收复失地。宋真宗景德元年，宋战胜了辽，宋真宗与辽国在澶州定下了停战和议，约定宋辽为兄弟之邦（宋为兄，辽为弟），规定宋每年赠辽银十万两、绢二十万匹。仁宗庆历二年，又增银十万两、绢十万匹，并改"赠"为"纳"。北宋每年向辽交纳"岁币"，双方互不侵犯。自此，中国北方才有了少许安宁，宋、辽的这次结盟被后世称为"澶渊之盟"。这次结盟后，北宋因为边疆战事危机的解除，国内经济得到了长足的发展。后来神宗时又割河东地七百里给辽。

澶渊之盟是北宋与辽经过多次战争后所缔结的一次盟约。从整个中华民族发展的历史来看，澶渊之盟有其积极的一面。它结束了辽宋之间几十年的战争，使此后辽宋边境长期处于相对和平的状态，有利于边境地区的生产和发展，从长远来看，有利于我国多民族国家的发展和统一。

宋夏的和战

党项是羌族的一支，唐中期以来居住在宁夏、甘肃、陕西西北一带，过着游牧生活。1038年，党项族首领元昊脱宋自立称大夏国皇帝，夏在宋的西北，史称西夏。

宋仁宗明道二年（1039年），西夏景宗李元昊写信通知宋政府，希望他们承认西夏。宋仁宗于当年六月下诏削去元昊官爵，并悬赏捉拿。从此，长达三年之久的宋夏战争全面爆发。直至宋仁宗庆历四年（1044年），北宋与西夏达成和平协议，史称"庆历和议"。这次平等和议换得了宋夏将近半个世纪的和平。

宋金的和战

金朝（1115—1234年）是由女真族建立的政权。女真族长期居住在松花江、黑龙江下游一带。北宋中后期，女真族的完颜部强盛起来，逐渐统一女真各部。为解除民族压迫，1114年，女真族的杰出首领完颜阿骨打举兵抗辽，取得初步的胜利。完颜阿骨打在统一女真诸部后，1115年于会宁府建都立国，国号大金，完颜阿骨打就是金太祖。

为了加强统治力量，金太祖推行猛安谋克制。猛安谋克是一种基本社会组织，既是军事组织，又是地方行政组织。每户壮丁平时从事生产，战时出征。这种兵农合一的制度，对金的社会发展起了重要作用。

完颜阿骨打建国以后，国力迅速增强。那时的辽政权由于政治腐朽，剥削苛取，各族人民不断起来反抗。阿骨打再次兴兵攻辽，削弱了辽的力量。金与北宋联合夹击辽。1125年辽天祚帝为金军所俘，辽朝灭亡。辽灭亡后，金军两度南下攻宋，威胁宋的都城东京。北宋军民在主战派大臣李纲的领导下，多次击退金兵的进攻。但是，北宋统治集团腐朽不堪，没有抵抗的决心，都城被攻破；1127年，金统治者俘获宋徽宗和宋钦宗，北宋灭亡，史称"靖康之变"。

金太祖完颜阿骨打
（绘画图）

南宋的建立与宋金和战

靖康之变时宋徽宗、宋钦宗被金朝所俘，北宋灭亡。宋徽宗第九子赵构继承皇位，后定都临安，史称南宋。

南宋由于军事力量较弱，后通过"绍兴和议"，向金朝称臣纳贡，后来金朝几度南征都未能消灭南宋，而南宋也有过数次北伐皆无功而返，南宋和金朝形成对峙局面，双方以淮河大散关为界。

南宋中后期奸相频出，朝政糜烂腐败，而处于漠北草原的蒙古人开始崛起。铁木真于1206年建立大蒙古国，征服金朝之后开始大举入侵南宋，南宋军民拼死抵抗，直到1276年南宋都城临安被攻占，1279年崖山海战中宋军战败，南宋灭亡。

南宋初年，北方各地人民的抗金活动十分活跃。南宋抗金将领岳飞，率领宋军采取"连结河朔"的正确方针，给金军以重大的打击，他的军队作战勇敢，纪律严明，被称为"岳家军"，是当时抗金力量的中坚。1140 年，金军大举攻宋，岳飞率军抗击金军，取得大捷。宋高宗和宰相秦桧为首的投降派，害怕抗金力量壮大对他们的统治不利，合谋向金求和，命令岳飞班师，继而解除岳飞的兵权，并以"莫须有"的罪名把他杀害。1141年，南宋与金订立和议，规定东起淮水、西至大散关以北的土地归金朝统治；每年向金输纳"岁币"，由于宋高宗的年号为绍兴，史称"绍兴和议"。后来，宋金之间又进行了几次战争，但金始终不能灭掉南宋，双方政治、军事力量基本上处于均衡状态。后来，金把都城迁到燕京，改名中都。

　　岳飞墓坐落在杭州西湖畔的栖霞岭。1142 年年初，岳飞被杀害后，一名狱卒冒着生命危险，偷偷地把岳飞的遗体埋在杭州钱塘江门外九曲丛祠旁。宋高宗死后，南宋统治者为岳飞昭雪，用一品礼仪将其遗骸改葬在栖霞岭下，追封他为鄂王。岳飞墓前建有墓门，门前照壁上嵌着明朝人书写的"尽忠报国"四个大字。从墓门到墓之间的甬道两旁排列石人、石兽。岳飞墓的墓碑上刻有"宋岳鄂王墓"五个字。在墓门下有四个铁铸人像，一个个跪向墓的方向，他们就是陷害岳飞的秦桧和他的妻子王氏等。跪像背后墓门上的对联写道："青山有幸埋忠骨，白铁无辜铸佞臣。"

岳飞墓（位于浙江省杭州）

第二节　统一的多民族国家——元朝

　　元朝（1271—1368年）是蒙古族建立的王朝，定都大都（今北京），传五世十一帝，历时98年。那么，元朝是怎样一步步建立起来的？

"一代天骄"统一蒙古

我国北方蒙古高原上，居住着许多游牧部落。12 世纪时，草原人民由于各部落间的混战，生活不得安宁。铁木真作为部落首领，组织了一支强大的军队，经过多年征战，打败周围各部，统一蒙古，并于1206 年建立蒙古国，人民尊称他为成吉思汗。

成吉思汗铁木真
（绘画图）

铁木真童年的时候，父亲在部落的仇杀中被害，从此，他过着困苦的生活，受尽磨难。他曾被另一个部落的人抓住，戴上沉重的木枷示众。一天，这个部落举行宴会，只留了一个年轻的看守监视他，他乘机用木枷打倒看守，逃了出来。重重困境磨炼了铁木真的意志，他变得坚强和机敏，并决心统一蒙古草原。蒙古统一后，成吉思汗发动了大规模的扩张战争，他和他的子孙除对金、西夏和南宋作战外，还一直打到欧洲多瑙河流域。

忽必烈建立元朝

成吉思汗去世之后，忽必烈即汗位，于1271年定国号为元，次年定都大都。忽必烈就是元世祖。1276年，元军占领临安，俘虏南宋皇帝，南宋灭亡。南宋抗战派大臣文天祥继续抗元，不久在广东沿海兵败被俘，囚禁在大都。他坚贞不屈，表现出崇高的气节，最后被杀害。

元朝的经济大致上以农业为主，其整体生产力虽然不如宋朝，但在生产技术、垦田面积、粮食产量、水利兴修以及棉花种植等方面都取得了较大发展。元朝重视贸易，

元世祖忽必烈
（绘画图）

陆路和海上贸易相当发达，而元朝的首都大都是当时闻名世界的商业中心。元朝时期中外交往也很频繁，意大利旅行家马可·波罗，在元世祖时来华，居住了十几年，他的《马可·波罗行纪》描述了大都的繁华景象。

元朝疆域空前辽阔。元统治者在地方设置行中书省，简称行省或者省，由中央委派官员管理。元朝的行省制度对后世有着深远影响。我国省级行政区的设立，始于元朝。元政府设立宣政院，加强对西藏的管辖，西藏成为元朝正式的行政区；还设立了澎湖巡检司，加强了对台湾的管辖。

背一背

背背文天祥的诗歌。

民族融合的发展

元朝在民族文化上则采取相对宽松的多元化政策，即尊重国内各个民族的文化和宗教，并鼓励国内各个民族进行文化交流和融合。元朝时，原先进入黄河流域的契丹、女真等族，经过长期共同生活，已同汉族没有什么差别。元朝还包容和接纳外国文化，甚至准许外国人在中国做官、通婚等。当时波斯人、阿拉伯人大批迁入中国，与汉、蒙古、畏兀儿等民族长期杂居相处，互通婚姻，融合成一个新的民族——回族。

元朝境内大规模的人口流动，促进了各族经济、文化的发展与融合。元朝时期的民族大融合具有以下进步意义。第一，有利于封建国家的巩固和统一，也有利于少数民族的进步。第二，有利于发展封建国家经济，特别是少数民族经济。第三，加强了各族之间的经济、文化交流，为文化科技的发展创造了条件。第四，促进了中华民族的发展，增强了中华民族的凝聚力。

元朝灭亡

元朝中后期，政治腐败，人民徭役负担沉重，加之统治阶级的经济掠夺，使得阶级矛盾空前尖锐，加上民族歧视和民族压迫，最终导致农民大起义。1351年，红巾军起义，得到各地农民的举兵响应。后来，朱元璋作为起义军将领，所率领的队伍逐渐强大起来，于1368年攻占大都，至此元朝灭亡。

第三节　灿烂的宋元文化

宋元时期，科学技术、史学、文学、艺术、体育、宗教等方面，均达到高度繁荣的水平。最突出的成就是活字印刷术的发明、指南针用于航海和火药在军事上的广泛应用，这对人类文明发展产生了重大影响。宋元时期的文化除了在自然科学方面取得了辉煌成就，在社会科学领域也呈现出百花齐放、全面繁荣的局面，涌现出许多著名的史学家、文学家和艺术家，把我国在史学、文学、艺术等方面的成就推向一个新的繁荣阶段。那么宋元主要文化成就有哪些？

活字印刷术的发明

宋元是我国古代科技发展的高峰时期，活字印刷术的发明，指南针和火药的广泛使用，是这一时期的重大科技成就。

北宋中期，毕昇发明了活字印刷术。沈括把这一伟大的发明记录了下来。中原的活字印刷技术，后来传到宁夏、新疆等地，在西夏和回鹘也都使用活字印刷。1991年宁夏出土的西夏文木活字印本《吉祥遍至口和本续》，为我国现存最早的木活字印刷品，刻于1160年到1205年。活字印刷术后来陆续传到世界各地。15世纪，欧洲才出现活字印刷，比我国晚约四百年。

毕昇雕像

毕昇在黏土制成的一个个小方块上刻单字，再用火烧成陶字。排版时，把陶字放在一个铁框里，排满为一版，印刷时可以同时排版，效率很高。印完一版以后，陶字拆下还可以再用，所以叫作活字。考古学家发现了西夏时期的木活字印刷品，这是目前已知最早的活字印刷品。

宋元时期，我国已有套色印刷技术。山西应县木塔内，发现了辽代的红、黄、蓝三色佛像版画，这是目前我国发现的最早的雕版彩色套印印刷品。

指南针和火药的应用

指南针也是我国人民的伟大发明。战国时期，我国人民已经发现磁石指南北的特性，制出了"司南"。北宋初期，人们发明了人工磁化法，用天然磁石摩擦钢针，制出指南针。指南针最初用于航海事业。南宋海外贸易发达，指南针广泛用于航海，还由阿拉伯人传入欧洲。这为后来欧洲航海家的航海活动创造了条件。

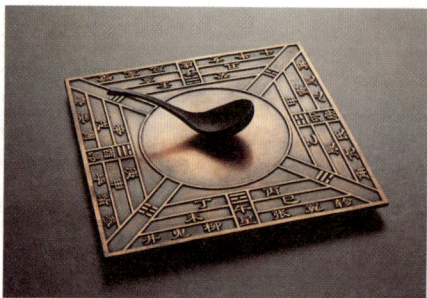

司南

震天雷

我国古代人民的另一项伟大发明是火药。它最早是我国古代炼丹家发明的。有关火药配方的记载，最早出现在唐朝中期的书籍里；到唐朝末年，火药开始用于军事上。唐末和北宋的火箭，是在箭头附近装上用火药制成的燃烧物，点燃后用弓射向敌营，延烧敌人的营房、军械和人员。火炮是用抛石机把火药制成的爆炸物抛向远方，爆炸物中混有铁片一类杀伤物或致毒药物，以杀伤敌人。南宋时出现了管形火器。宋元时期，火药武器广泛用于战争，主要有突火枪、火箭、火炮等。13、14世纪，火药和火药武器传入阿拉伯和欧洲。

历史记载，蒙古军队围攻金的开封城，金军用一种称为"震天雷"的火器抵御。点火发射时，其声如雷，百里外都可听见，火力所及之处，连敌兵的铁盔铁甲都烧红了，可见它杀伤力之强。

印刷术、指南针和火药，加上造纸术是我国古代人民的"四大发明"，是中华民族对世界文明发展的重大贡献。

沈括和《梦溪笔谈》

沈括是我国北宋时期的科学家。他最重要的成就是著成《梦溪笔谈》一书，这是一本有关历史、文艺、科学等各种知识的笔记文学，因写于梦溪园而得名。《梦溪笔谈》内容涉及天文学、数学、地理、地质、物理、生物、医学和药学、军事、文学、史学、考古及音乐等学科，是中国科学技术史上的重要文献，是一部百科全书式的著作。

沈括雕像

司马光和《资治通鉴》

司马光是我国北宋时期著名的史学家，他编写了伟大的史书《资治通鉴》。《资治通鉴》是一本编年体通史著作，共294卷，300多万字，耗时19年完成。记载了从周威烈王二十三年一直到五代的后周世宗显德六年，跨16个朝代，共1362年的详细历史。《资治通鉴》在中国史书中有极重要的地位。在这部书里，编者总结出许多历史经验教训，供统治者借鉴，所以叫《资治通鉴》。

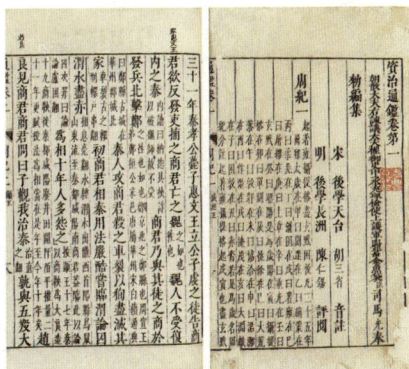
《资治通鉴》（影印版）

宋词和元曲

宋词是宋代盛行的一种文学体裁，是一种相对于古体诗的新体诗歌，代表了宋代文学的最高成就。宋词句子有长有短，便于歌唱。因是合乐的歌词，故又称曲子词、乐府、乐章、长短句、诗余、琴趣等。它始于梁代，形成于唐代而极盛于宋代。

宋代产生了大批成就突出的词人，名篇佳作层出不穷，并出现了各种风格、流派。《全宋词》共收录流传到今天的词作将近两万首，1330多家，从这一数字可以推想当时创作的盛况。词的起源虽早，但词的发展高峰则是在宋代，因此后人便把词看作宋代最有代表性的文学形式，与唐代诗歌并列，而有了所谓"唐诗宋词"的说法。宋代的词人层出不穷，杰出的有苏轼、李清照、辛弃疾等。

苏轼（绘画图）

北宋文学家苏轼，对词进行了大刀阔斧的变革，对词的发展有不可磨灭的贡献。苏轼对词体进行了全面的改革，最终突破了词为"艳科"的传统格局，提高了词的文学地位，使词从音乐的附属品转变为一种独立的抒情诗体，从根本上改变了词史的发展方向。他扩展了词的内容，着重表达豪放的思想感情，描绘雄浑壮观的景物。他的词，气势豪迈、雄健奔放，对后世影响很大，代表作有《念奴娇·赤壁怀古》等。

女词人李清照生活在两宋之交，是中国古代著名的才女。李清照的作品可分为前后期，前期多写其悠闲生活，多描写爱情生活、自然景物，韵调优美，如

《一剪梅·红藕香残玉簟秋》等；后期多慨叹身世，怀乡忆旧，情调悲伤，如《声声慢·寻寻觅觅》。

李清照（绘画图）

元曲是盛行于元代的一种文艺形式，一般来说，元杂剧和散曲合称为元曲，杂剧是戏曲，散曲是诗歌，属于不同的文学体裁。元曲在思想内容和艺术成就上都体现出独有的特色，和唐诗宋词明清小说鼎足并举，成为我国文学史上一座重要的里程碑。元朝剧作家人才辈出，其中最优秀的是关汉卿。他一生创作了大量剧本，流传至今的有十多种，代表作有悲剧《窦娥冤》。

《窦娥冤》写一个孤苦无依的年轻妇女窦娥，遭受无赖陷害，被受贿的贪官判处死刑。窦娥的冤情无处伸张，临死发出誓愿：她的鲜血要溅在刑场旗杆的白练上，六月飘起漫天大雪，当地亢旱三年。关汉卿用浪漫的艺术手法，让窦娥的誓愿实现，愤怒鞭挞了黑暗势力。

说一说
你还知道哪些宋词元曲的作品，说说你对它们的理解。

风格多样的绘画和书法

宋时期的绘画艺术成就也很高。主要表现为题材广泛，风格多样，技巧成熟，突出地体现在山水画、花鸟画和风俗画的创作中。

练一练
请同学们练练不同的书法字体。

反映市民生活的风俗画，是两宋绘画的一大特色。画家张择端的《清明上河图》，描绘了北宋东京汴河沿岸的风光和繁华景象。画面上的人物、街市、村野、车船等，安排得错落有致，是我国美术史上的不朽作品。宋末元初的著名画家赵孟頫，其山水画、花鸟画、人物画，无不传神，富有情趣。当时人们称颂他的画属于"神品"。

黄庭坚行书《松风阁诗帖》

宋元时期人们最为推崇随意挥洒的行书。宋代著名的书法家有苏轼、黄庭坚、米芾、蔡襄，他们的书法各有新意，人称"宋四家"。

宋朝和元朝

宋朝是中国历史上商品经济、文化教育、科学创新高度繁荣的时代。据研究，咸平三年（1000年）中国GDP总量为265.5亿美元，占世界经济总量的22.7%，人均GDP为450美元，超过当时西欧的400美元。后世虽认为宋朝"积贫积弱"，但宋朝民间的富庶与社会经济的繁荣实远超过盛唐。宋朝出现了宋明理学，儒学得到复兴，科技发展迅速，政治开明，且没有严重的宦官专权和军阀割据，兵变、民乱次数与规模在中国历史上也相对较少。北宋因推广占城稻，人口迅速增长，从太平兴国五年（980年）的3710万增至宣和六年（1124年）的12600万。史学家陈寅恪言："华夏民族之文化，历数千载之演进，造极于赵宋之世。"西方与日本史学界中不少人认为宋朝是中国历史上的文艺复兴与经济革命的时代。宋朝立国三百余年，二度倾覆，皆缘外患，是唯独没有亡于内乱的王朝。

元朝结束了五代以来长期的分裂局面，实现了统一多民族国家的巩固和发展。元朝的统一有利于民族融合的进一步加强，促进了多民族国家的发展，为经济和文化的发展创造了条件。元朝时期行省制度的建立奠定了我国行政区划的基础，宣政院和澎湖巡检司的设立不仅巩固了祖国的边疆，而且证明了这些地区自古以来就是中国的领土。元朝统治者实行的民族分化政策具有一定的消极作用，但是这种政策没有隔绝各族人民的相互联系，后来成为各族人民团结起来共同推翻元朝的催化剂。元朝作为由少数民族建立的全国统一政权，尽管在统治方式上比较落后，但却是古代中国民族融合和多民族国家获得发展的一个重要阶段。

每章一得

古代科举考试如何防止作弊

有着一千多年历史的科举考试完全称得上是古代的"高考"了。一朝中举，一可光宗耀祖，二可顺利踏上仕途，真可谓"书中自有黄金屋"，"书中自有颜如玉"。面对如此诱惑，古人为顺利地考取功名，可谓费尽心思，夹带半个巴掌大的蝇头书进入考场、贿赂官吏、买通负责搜身的士兵，种种方法不胜枚举。

为防止考生偷偷携带资料进入考场，官方专门在每个考场安排一个负责搜身的兵勇。可这样的安排依旧难以避免士兵与考生相互勾结，各取其利的现象。这个时候"准考证"便应运而生了。

在古代，"准考证"称为浮票，清朝时期参加考试的考生考试前每人发一张"票据"和"座位便览"，没有这两样东西的不准进入。为防止代考者，"准考证"详细地记载着考生的身高、面色、有无胡须、胎痣等身体特征。考生进入考场时，监考官拿着"准考证"一一看过，才能进入考场。

除了"准考证"，考生报考时还有一个可以防止考生作弊的防线。古代科举考试无论贫贱都可以报考，到明清时期则规定娼、优、隶、卒这四种人的子弟必须在三代以后才有报考的资格，这未免显得不近情理。官方要求考生报考时必须五个结保报考，意为五人彼此相互担保报考，若以后参加考试谁有作弊行为，则五个人都要受到牵连。

虽然有这两道防线，但仍不免闹出许多笑话。譬如注明考生身体特征的准考证虽然在一定程度上抑制了作弊行为，但其实用性还是显得有些令人怀疑。稍微有一两个长相差不多的人站在一起，恐怕就难以辨认孰真孰假了。

相比较而言，古代防止作弊的措施里最有效的应该是搜身了。据说金国时期，负责搜检的士兵一般都不识字，这是为了防止士兵与考生勾结在一起。"解发袒衣，索及耳鼻"，《金史》里的这句话则说明当时金国搜检考生达到了必须解开发髻，袒露衣服，连鼻子耳朵都要细细搜索的程度。后来因这样检查读书人有辱斯文，受到不少官员的反对，于是改成了考试之前必须在考场指定的地方沐浴洗澡，然后换上官方准备的衣服。这样一来，明显显得斯文文明许多，作弊现象也大减。

"应试生儒举人监生，但有怀挟文字、银两，并越舍与人换写文字者，俱问发充吏，三考满日为民；若系官吏，就发为民。"这段史料便记载了明代严惩作弊者的法规，轻者罚款，重者还要坐牢房、发配到边疆充军，若是官吏还要贬为庶民。

由此可见，古代"高考"作弊与防作弊真是五花八门，趣味横生，也恐怕只有严惩才能有效防止作弊现象了。

三 材料阅读

材料一："舟师识地理，夜则观星，昼则观日，阴晦则观指南针。"

材料二："出土于福建泉州的南宋海船，有13个密封的船舱。"

? 想一想

1. 材料一反映了什么现象？

2. 材料二反映了什么现象？

3. 根据材料，结合所学知识说明南宋海外贸易具备的条件。

自我测评

1. 宋太祖"令诸州自今每岁受民租及管榷之课，除支度给用外，凡缗帛之类悉辇送京师"。他这样做的直接目的是（   ）。

   A. 加强中央集权　　　　　　　B. 削弱地方的财政基础

   C. 提高转运使的权力　　　　　D. 增加政府的财政收入

2. 自宋初以后，中国古代军阀割据的局面不复出现，其主要原因是（   ）。

   A. 生产力的发展　　　　　　　B. 民族大融合

   C. 商品经济的发展　　　　　　D. 政治制度的变革

3. 关于宋初加强中央集权作用的评述，正确的是（   ）。

   ①铲除了藩镇割据的基础　　　　②防止了重臣专权

   ③造成州郡"日就困弱"　　　　　④影响北宋的统一战争

   A. ①②③④　　　B. ①②③　　　C. ①②　　　D. ①

活动建议

组织进行不同字体的书法比赛。

第 六 章
统一多民族国家的巩固与发展

（1368—1840年）

14世纪中期到19世纪中期，是我国历史上的明朝和清朝（鸦片战争以前）统治时期。明朝时，统一的多民族国家进一步发展，我国从明朝后期开始产生资本主义萌芽，封建社会由盛而衰。由于封建专制制度的束缚，生产力发展受到严重阻碍，清政府又推行闭关锁国政策，造成中国未能与时俱进，取得与世界同步的发展。中国从明朝中期以后逐渐落伍了。

第一节　明清时期的专制统治

明朝（1368—1644年）是中国历史上最后一个由汉族建立的大一统王朝，共传12世，历经16帝，享国276年。

清朝（1644—1912年）是中国历史最后一个封建王朝，共传10帝，享国267年。

那么，明清时期是怎样实行君主专制统治的？具体措施有哪些？

明太祖加强君权

元末民不聊生，爆发红巾起义，朱元璋加入郭子兴的队伍。1364年朱元璋称吴王，建立西吴。1368年朱元璋称帝，国号为大明，定都于应天府（今南京）。朱元璋即明太祖。朱元璋即位后，改革行政机构，加强君主权力。在地方，废除行中书省，设立直属中央的三司，分管民政、刑狱和军政。在中央，废除丞相，撤销中书省，由吏、户、礼、兵、刑、工六部分理朝政，直接对皇帝负责。这样全国的军政大权都集中到了皇帝手里。明太祖还授权侍卫亲军锦衣卫，兼管对臣民的监视、侦察。锦衣卫由皇帝直接指挥，不受法律的约束，成为特

明太祖朱元璋
（绘画图）

务机构。

查一查

查一查有关朱元璋的生平经历，说说你对他的评价。

朱元璋出生于天历元年（1328年），在家里排行第四，家族兄弟排行第八，所以叫朱重八，后改名朱元璋。朱元璋生长在濠州钟离孤庄村的一个贫苦农民家庭，其父为朱世珍，母为陈氏。在明代徐祯卿的《翦胜野闻》中，引用了朱元璋自己作的《朱氏世德碑》碑文，那上面是这样记载的：本宗朱氏，出自金陵之句容，地名朱家巷，在通德乡。上世以来，服勤农桑。

他的父亲和祖父以及曾祖父等数辈人都是拖欠税款者，在淮河流域到处躲债，想找一个地方做佃户，以便过上能糊口的生活。他在兄妹中是最小的，家里除了最大的孩子外，其余孩子都因无力抚养而送人或嫁出。由于家里贫困无法读书，朱元璋从小就靠给村里的地主放牛为生。

至正四年（1344年）淮北大旱，朱元璋的父、母、兄先后去世，不得已而入皇觉寺当行童。入寺不到二个月，因荒年寺租难收，寺主封仓遣散众僧，朱元璋只得离乡为游方僧。

明朝沿袭科举制度，规定科举考试使用统一的文体——八股文。八股文有固定格式，即文章由破题、承题、起讲、入题、起股、中股、后股、束股八部分组成，题目一律出自"四书""五经"中的原文。这种通过八股文选拔官吏的科举制度又被称为"八股取士"。

八股取士的影响：第一，它从内容到形式都禁锢了知识分子的思想，把知识分子思想限制在程朱理学之内，使培养出来的人特别是选拔出来的官吏，成为顺从皇帝的奴仆。第二，导致文风日下，读书人为了做官，拼命诵读四书五经，追求八股文死板的作文形式。统治者为强化专制主义统治，不允许有任何"越轨"的思想。八股取士正是适应这种政治需要而产生的，它失去了科举制度在初创时期的积极意义。所以，八股取士同秦始皇焚书坑儒一样，起了禁锢思想的作用，它所带来的脱离实际的学风，对学术文化发展的影响则比焚书坑儒更加恶劣。

靖难之役和迁都北京

明太祖为了巩固统治，先后把众多的子孙封到各地做藩王。明太祖死后，建文帝即位，因担心藩王的势力日益膨胀，对自己构成严重威胁，于是下令削藩。1399年明太祖第四子燕王朱棣起兵，经过几年战争，于1402年攻下帝都应天（今江苏南京）。朱棣打着"靖难"旗号，起兵反对建文帝，史称"靖难之役"。

1402年，朱棣在应天登基，改年号为永乐，史称明成祖。明成祖改北平为北京，于1421年迁都北京，以加强中央对北方的控制。他还进一步强化君权，继续执行削藩政策；又在锦衣卫之外，增设特务机构东厂，由皇帝亲信的宦官统领，以加强对臣民的监视和侦查。厂卫特务机构的设置，是明朝君主专制高度强化的一种表现。

明成祖朱棣（绘画像）

锦衣卫牌

　　"巡查缉捕"是锦衣卫区别于其他各朝禁卫军的特殊之处。负责侦缉刑事的锦衣卫机构是南、北镇抚司，其中北镇抚司是洪武十五年添设，专理皇帝钦定案件。成化元年，增铸北镇抚司印信，一切刑狱不必关白本卫。北镇抚司拥有自己的诏狱，可以自行逮捕、刑讯、处决，不必经过一般司法机构。南、北镇抚司下设五个卫所，其统领官称为千户、百户、总旗、小旗，普通军士称为校尉、力士。

郑和下西洋

　　明朝前期，为了加强同海外各国的联系，明成祖派遣郑和下西洋。1405年，明成祖命郑和率领两百多艘海船、两万多人从太仓的刘家港起锚（今江苏太仓市浏河镇），远航西太平洋和印度洋。从1405年到1433年，郑和前后七下西洋，到过亚非三十多个国家和地区，最远到达红海沿岸和非洲东海岸，比欧洲航海家的远航早半个多世纪。郑和的远航，促进了中国和亚非各国的经济交流，加强了我国和亚非各国的友好关系。

郑和雕像

　　郑和（1371—1433年），原姓马，名和，小名三宝，又作三保，云南昆阳（今晋宁昆阳街道）宝山乡知代村人。明朝航海家、外交家。

　　郑和于明洪武四年（1371年）出生，是马哈只第二子。洪武十三年（1380年）冬，明朝军队进攻云南，马和仅十岁，被明军副统帅蓝玉掠走至南京，阉割成太监

之后，进入朱棣的燕王府。燕王朱棣见马和聪明伶俐，便把马和留在身边，成为燕王的亲信。为了提高身边服务亲随的文化水平，朱棣不仅挑选学识丰富的官员到府中授课，而且还让他们随意阅读府中的藏书。天资聪颖、勤奋好学的马和很快便成了学识渊博的人。

马和身材魁梧、知识丰富、思维敏捷，出色地完成燕王委派他的使命，得到朱棣的器重，"内侍中无出其右"，尤其是在帮助朱棣登基称帝的过程中，马和立下大功，更为朱棣所赏识。在永乐二年（1404年）正月初一，朱棣以赐姓授职的方式表达他对有功之臣的封赏与恩宠，马和被赐姓"郑"，从此便改称为"郑和"。同时，升迁为内官监太监，相当于正四品官员。史称三宝太监。

戚继光抗倭

14世纪初叶，日本进入南北朝分裂时期，封建诸侯割据，互相攻战，争权夺利。在战争中失败了的一些南朝封建主，组织起武士、商人和浪人到中国沿海地区进行武装走私和抢劫烧杀的海盗活动，历史上称之为"倭寇"。明初开始，倭寇对中国沿海进行侵扰，从辽东、山东到广东漫长的海岸线上，岛寇倭夷，到处剽掠，沿海居民深受其害。在倭寇长期为患之时，明朝军队中涌现了抗倭名将戚继光。戚继光组建的一支抗倭队伍，经过严格的训练，纪律严明，英勇善战，人称"戚家军"。戚继光率戚家军开赴台州，在人民群众的大力支持下，九战九捷，迅速荡平了浙江的倭寇。接着，他又率部进入福建、广东，与当地明军并肩作战，平息了东南沿海的倭患。

戚继光雕像

满洲的兴起和清朝的建立

女真是居住在我国东北地区的古老民族。明朝后期，女真的杰出首领努尔哈赤统一了女真各部。1616年，努尔哈赤自立为汗，国号金，史称后金。后金为反抗明朝的民族压迫，起兵攻打明朝。几年之间，夺取明朝辽东七十余城。努尔哈赤迁都沈阳，后改称盛京。

努尔哈赤死后，皇太极继承汗位。1635年，皇太极废除旧族名女真，定族名为"满族"。1636年，皇太极称帝且改国号"金"为"清"，正式建立清朝，年号崇德。皇太极就是清太宗。1644年，清军入关，迁都北京，逐步建立起对全国的统治。

清军入关指的是清朝的军队在明朝将领吴三桂的带引下大举进入山海关内、攻占京师（今北京），开始成为统治中国的中央政府的历史事件。

驻守山海关的明朝总兵吴三桂，在李自成占领京师时，在是否归顺大顺政权的问题上摇摆不定，最终向清朝屈膝投降（李自成扣押了他的父亲吴襄，其部将刘宗敏抢夺了的吴三桂的爱妾陈圆圆，这就是所谓的"冲冠一怒为红颜"）。他向清摄政王多尔衮"乞师"，而多尔衮在假意再三推辞下，终于同意了吴三桂的请求，进兵中原。

清太祖努尔哈赤（绘画图）

君主集权的强化

山海关

军机处

清代中央政权机构多仿明制，但又有自己的特点。清代内阁名义上是最高行政机关，但它并不是真正的权力中心。议政王大臣会议和后来的军机处，才是真正的最高权力机构。

军机处最早为雍正设立，由皇帝选调亲信大臣组成。皇帝通过军机处，集大权于一身，军机大臣跪授笔录，然后传达给中央各部和地方官员去执行。军机处的设立标志君主专制主义中央集权制度达到顶峰。

为加强君主专制，控制士大夫的思想，康熙、雍正和乾隆三朝，经常从知识分子的诗词文章中摘取只言片语，加以歪曲解释，再借题发挥，罗织罪状，制造了大

议一议

讨论文字狱带来的消极影响，说说你的看法。

批冤狱，历史上称为"文字狱"。文字狱之案件常是无中生有，小人造谣所为。较大规模的文字狱甚至可以牵连成千上万人受害。

西藏政策

清朝对西藏管辖的三大有力举措是册封制度、驻藏大臣和金瓶掣签制度。

第一，册封制度。清朝初年，五世达赖来京朝贺，顺治帝隆重接待并正式赐予他"达赖喇嘛"的封号；后来，康熙帝又册封五世班禅为"班禅额尔德尼"的封号，并赐以册印。从此，"达赖喇嘛"和"班禅额尔德尼"的称号正式固定下来，以后历世达赖和班禅都必须经过中央政府册封成为定制。

第二，驻藏大臣。1727年，清政府在西藏设驻藏大臣，办理西藏事务。驻藏大臣代表中央政府，与达赖和班禅共同管理西藏。驻藏大臣的设置，标志着中央政府对西藏管辖的加强。

第三，金瓶掣签制度。此项制度加强了清朝中央政府对达赖、班禅转世的监督和任授权力。此乃清王朝改革西藏行政管理体制，确立系统治藏法规中的一项重要内容。乾隆年间，清政府陆续颁布《西藏善后章程》和《藏内善后章程》，加强了驻藏大臣处理政务的权力，巩固了中央政府对西藏的统治。

清政府振兴西藏经济的措施有改革乌拉、租赋、钱法、贸易制度，活跃民族贸易，创报、兴学、发展农牧工矿业和加强交通、邮电事业的开发等。

清政府驻藏大臣衙门旧址

金本巴瓶

"闭关锁国"的政策

清朝统治者坚持以农为本的传统观念，推行"重本抑末"政策，压抑、限制民间工商业的发展。18世纪，由于中外贸易往来日趋频繁和人民反清起义不断发生，清朝统治者担心洋人和反对势力结合起来反对清朝，因此严格限制对外贸易活动。清朝以"天朝上邦"自居，认为"天朝物产丰盈，无所不有，原不藉外夷货物以通有无"，长期关闭国门。乾隆二十二年（1757年），清政府下令除广州一地外，停止一切对外贸易，这就是所谓"一口通商"的政策。这标志着清政府彻底奉行起闭关锁国政策。

清政府的"闭关锁国"政策推行了近二百年，它对西方殖民者的侵略活动，起过一定的自卫作用；当时的西方国家正先后进行资产阶级革命和工业革命，跨入生产力迅速发展的新时代。清政府闭关锁国，与世隔绝，既看不到世界形势的变化，也未能适时地向西方学习先进的科学知识和生产技术，使中国在世界上逐渐落伍。"闭关锁国"政策是落后的封建自然经济的产物，严重阻碍了近代中国社会的发展。

第二节　明清时期科学技术与世俗文学

明清两代处于中国封建社会的晚期，承古萌新，是这一历史时期文化的特点。它具体表现在：集大成的科技著作相继问世；带有反封建色彩的早期民主启蒙思想应运而生；伴随城市经济发展，市民文学蓬勃兴起，小说成为文学的主流；古典文化进入总结时期，官方组织编纂大型图书，成就突出，充分显示出中华文明的博大气象。

雄伟的北京紫禁城和明长城

北京故宫是中国明清两代的皇家宫殿，旧称为紫禁城，位于北京中轴线的中心，是中国古代宫廷建筑的精华。北京故宫以三大殿为中心，占地72万平方米，建筑面积约15万平方米，有大小宫殿70多座，房屋9000余间，是世界上现存规模最

神武门

大、保存最为完整的木质结构古建筑之一。北京故宫于明成祖永乐四年（1406年）开始建设，到永乐十八年（1420年）建成。它是一座长方形城池，南北长961米，东西宽753米，四面围有高10米的城墙，城外有宽52米的护城河。紫禁城内的建筑分为外朝和内廷两部分。外朝的中心为太和殿、中和殿、保和殿，统称三大殿，是国家举行大典礼的地方。内廷的中心是乾清宫、交泰殿、坤宁宫，统称后三宫，是皇帝和皇后居住的正宫。

长城是中国也是世界上修建时间最长、工程量最大的一项古代防御工程，自西周时期开始，延续不断修筑了2000多年，分布于中国北部和中部的广大土地上，总计长度达五万多千米。自秦始皇以后，凡是统治中原地区的朝代，几乎都要修筑长城。明朝又大规模修筑，达到完善地步。东部险要地段的城墙，用条石和青砖砌成，十分坚固。明长城东起鸭绿江，西至嘉峪关，蜿蜒6000余千米，气势宏伟，是世界上的一个奇迹。

长城这一防御工程体系中设置有大量烽燧作为情报传递系统。"烽燧"，是古代边防报警的两种信号，白天放烟叫"烽"，夜间举火叫"燧"。烽火台是用于点燃烟火传递重要消息的高台，系古代重要军事防御设施，可以说是最古老但行之有效的土电报。

烽火台是为防止敌人入侵而建的，遇有敌情发生，则白天施烟，夜间点火，台台相连，传递讯息。根据历史文献、出土汉简和实地考察可知，烽燧数量众多且一直延伸到长城以外很远的地方。按烽燧配置的位置和功能，可以分为四组：设在大漠深处的烽火台是发出警讯的最前线，沿长城两侧设置的烽火台向沿线传

万里长城

递情报，由长城通往京师的系列烽火台与王朝中央联系，还有一组烽火台与长城所在地附近的地方政府和驻军联系。按明朝制度，举一烟鸣一炮表示来敌100人左右；举二烟鸣二炮，来敌500人左右；1000人以上举三烟鸣三炮。在50千米的长城沿线上，共发现烽火台80余座，间隔距离平均约3千米，最远的不超过5千米。

说一说

你到过长城吗？说说你登长城的故事和感受。

古典科技巨著的涌现

明朝社会生产力提高，商品经济繁荣，促进了科学技术的发展，涌现出了一批优秀的科技巨著。

《本草纲目》是由明朝伟大的医药学家李时珍（1518—1593年）为修改古代医书中的错误而编。他以毕生精力，亲历实践，广收博采，对本草学进行了全面的整理总结，历时29年。《本草纲目》共52卷，约190万字，分为16部、60类，载药物1892种，其中新药374种，收集药方11096个，书中还绘制了1160幅精美的插图。当时这部书虽然未受到朝廷的重视，但刊行之后却广为流传，后来陆续被译成多国文字，成为世界医药学史上的重要文献。《本草纲目》这部伟大的著作吸收了历代本草著作的精华，尽可能地纠正了以前的错误，补充了不足，并有很多重要发现和突破，是到16世纪为止中国最系统、最完整、最科学的一部医药学著作。

在《本草纲目》的写作过程中，李时珍脚穿草鞋、身背药篓，带着学生和儿子建元，翻山越岭，访医采药，足迹遍及河南、河北、江苏、安徽、江西、湖北等

李时珍（绘画图）

广大地区，走了上万里路，倾听了千万人的意见，参阅各种书籍800多种，历时29年，终于在他61岁那年（1578年）写成。

《天工开物》是世界上第一部关于农业和手工业生产的综合性著作，是中国古代一部综合性的科学技术著作，有人也称它是一部百科全书式的著作，作者是明朝科学家宋应星。外国学者称它为"中国17世纪的工艺百科全书"。《天工开物》初刊于1637年（明崇祯十年），共3卷18篇，全书收录了农业、手工业，诸如机械、砖瓦、陶瓷、硫黄、烛、纸、兵器、火药、纺织、染色、制盐、采煤、榨油等生产技术。作者在书中强调人类要和自然相协调，人力要与自然力相配合。该书是中国科技史料保留最为丰富的一部，其内容更多地着眼于手工业，反映了中国明代末年出现资本主义萌芽时期的生产力状况。

《天工开物》中的插图

古典小说的高峰

明清是中国古典小说的繁荣时期。从明代开始，小说这种文学形式充分显示出其社会作用和文学价值，打破了正统诗文的垄断，在文学史上取得与唐诗、宋词、元曲并列的地位。明清时期的古典小说从思想内涵和题材表现上来说，最大限度地包容了传统文化的精华，而且经过世俗化的图解后，使传统文化以可感的形象和动人的故事走进了千家万户。

明清古典小说代表

书名	作者	成书时间	内容	价值
《三国演义》	罗贯中	元末明初	描写了从东汉末年到西晋初年之间近105年的历史风云，塑造了一批叱咤风云的三国英雄人物形象	是我国最早的一部长篇历史小说
《水浒传》	施耐庵	元末明初	描写北宋末年以宋江为首的108位好汉在梁山聚义，以及聚义之后接受招安、四处征战的故事	是我国第一部以农民起义为题材的长篇小说
《西游记》	吴承恩	明朝	主要描写了孙悟空、猪八戒、沙和尚三人保护唐僧西行取经，经受了九九八十一难，一路降妖伏魔，终于到达西天见到如来佛祖取回真经，最终五圣成真的故事	是一部具有浓郁浪漫主义色彩的长篇神话小说
《红楼梦》	曹雪芹著前80回，高鹗续写后40回	清朝	以贾、史、王、薛四大家族的兴衰为背景，以贾府的家庭琐事、闺阁闲情为脉络，以贾宝玉、林黛玉、薛宝钗的爱情婚姻故事为主线，刻画了以贾宝玉和金陵十二钗为中心的正邪两赋有情人的人性美和悲剧美	是我国古代最优秀的长篇小说，在世界文学史上占有重要地位
《儒林外史》	吴敬梓	清朝	描写了一些深受八股科举制度毒害的儒生形象，反映了当时世俗风气的败坏	是我国古代优秀的讽刺小说
《聊斋志异》	蒲松龄	清朝	《聊斋志异》的意思是在书房里记录奇异的故事。全书共有短篇小说491篇，借写妖狐鬼怪故事批判封建社会	是我国古代优秀的文言短篇小说集

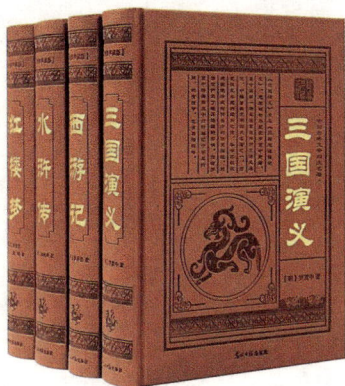

我国古典四大名著

《儒林外史》书影

蒲松龄故居（位于山东省淄博）

类书、丛书的编纂

明清两代，是我国类书、丛书发展的鼎盛时期。明成祖时，编纂了一部庞大的类书《永乐大典》。清代官修类书《古今图书集成》一万卷，是我国现存最大的类书。清乾隆时，我国最大的一部丛书《四库全书》由纪昀主持编纂而成。

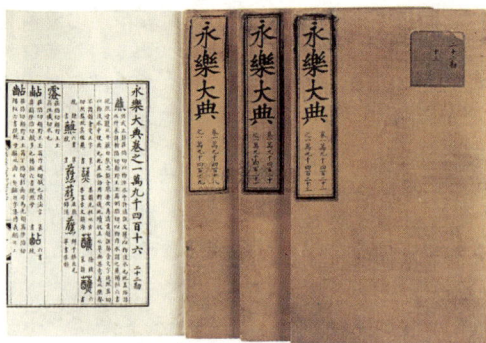
《永乐大典》书影

戏剧的繁荣

明清两朝戏剧方面的收获也相当的丰盛，涌现出了汤显祖、孔尚任等一大批重要作家。汤显祖是明朝后期最负盛名的戏剧家，他的代表作《牡丹亭》，是一部文学史上及剧坛上极负盛名的巨著。

《牡丹亭》又称《还魂记》，是一部爱情剧。少女杜丽娘长期深居闺阁中，接受封建伦理道德的熏陶，但仍免不了思春之情。梦中她与书生柳梦梅幽会。醒后杜丽娘因梦生情，寻梦不得，为情而死，死后三年，又因情复活。剧本通过杜丽娘和柳梦梅生死不渝的爱情，歌颂了男女青年在追求自由幸福的爱情生活上所作的不屈不挠的斗争，表达了挣脱封建牢笼、粉碎宋明理学枷锁，追求个性解放、向往理想生活的朦胧愿望。

清朝剧作家孔尚任的《桃花扇》，也是明清时期非常著名的戏剧作品。

《桃花扇》是孔尚任经历十余年三易其稿而完成的。此剧表现了明末时以复社文人侯方域、吴次尾、陈定生为代表的清流同以阮大铖和马士英为代表的权奸之间的斗争，揭露了南明王朝政治的腐败和衰亡原因，反映了当时的社会面貌。即作者自己所说：借离合之情，写兴亡之感，实事实人，有凭有据。通过侯方域和李香君悲欢离合的爱情故事，展现了明末腐朽动乱的社会现实，暴露了南明小朝廷的昏庸和腐败，热情歌颂了主人翁敢于和权奸作斗争的高尚气节和爱国情感。

明朝和清朝

元末天下大乱，朱元璋趁势崛起，1364年，建立西吴政权。1368年，朱元璋在应天（南京）称帝，国号大明，同年攻克大都推翻元朝。朱元璋建立大明后采取了一系列措施发展经济，开创了洪武之治。1421年，朱棣迁都北京，此间国力强盛，万国来朝，史称永乐盛世。明仁宗和明宣宗时期仍处于兴盛时期，史称仁宣之治。明英宗在位时发生土木之变，是明朝由盛而衰的转折点。

明朝社会经济发达，农产品丰富，手工业生产具备很高水平，陶瓷业、丝棉纺业、冶炼、建筑等闻名世界。16世纪隆庆、万历年间，资本主义生产关系开始在若干手工业行业中出现。

清朝历史从1616年努尔哈赤建立后金算起，到1912年宣统帝下诏退位为止，共296年。

女真族是满族的前身，长期居住在今黑龙江一带。1616年，努尔哈赤在赫图阿拉建立后金，脱离了明朝的统治；虽然明朝多次派兵攻打后金，但都被击败。1636年，皇太极在沈阳改国号为大清，正式开始了灭明的战争。1644年，李自成攻克北京后，远在山海关的总兵吴三桂以为明帝报仇为名引清军入关。随后清朝开始了统一全国的战争。

1662年，康熙帝登基即位，年号康熙，是为清圣祖。康熙皇帝是我国历史上著名的皇帝之一，他在位的61年是清朝发展最快的一段时期。康熙之后，继雍正帝即位的乾隆帝也是清朝历史上的一位明主。他在位的60年是清朝的又一快速发展时期。乾隆皇帝在其父雍正的统治基础上，进一步发展经济，使国力更加昌盛；加强了同蒙古族、回族等少数民族的联系，稳定了清朝对各族的统治。清康熙、雍正、乾隆三代皇帝统治的时期，社会稳定，人民的生活水平有了很大的提高，大清帝国达到了有史以来的鼎盛阶段，史称"康乾盛世"。

每章一得

明洪武年间以及清初期的文字狱

明朝开国皇帝朱元璋是通过参加元末农民军而起家的。根据野史记载，朱元璋对自己的出身，以及曾经当过乞丐和云游僧的经历非常忌讳，因此对某些字词格外敏感，如"光""秃""贼""寇"等，后来因为"则"和"贼"，"生"和"僧"发音相似，也被波及。洪武年间大多数文字狱皆出于此。

明人徐桢卿在《剪胜野闻》中记述了这样一个故事：太祖朱元璋多疑，常常担心受到臣下的讥讪。杭州府学教授徐一夔为本府做《万寿贺表》之中有"光天之下，天生圣人，为世作则"句，"光"、"生"和"则"都犯了朱元璋的大忌。朱元璋读后震怒道："腐儒胆敢如此污辱朕吗？'生'者，僧也，以我曾经出家为僧也。'光'者秃头也，'则'字近贼也！如此猖狂，罪在不赦。"即命锦衣卫士将徐一夔斩首。在旁礼部群臣见此情形瞠目结舌，体似筛糠，一齐跪倒请罪："臣等愚憨不知忌讳，乞皇上亲降表式，令臣等永为遵守。"闻听此言，朱元璋的脸色才有所好转，毫不客气地答应了臣下的请求。此后，朱元璋先后颁发了《建言格式》《繁文鉴戒》《表笺定式》等书，详细规定了官民上奏的各种文体的格式，令天下以此为标准，不得以私意妄行撰拟。

清朝是满族人入主中原，他们不忌讳名讳，但民族矛盾很大。清朝初期有很多反清复明的组织。清朝的文字狱多涉及跟反清复明相关的事件。

清朝最早发生的较大的文字狱，是康熙时期的庄廷龙的《明史》案。双目失明的浙江湖州富户庄廷龙出钱购买明末人朱国祯一部未完成的《明史》，然后延揽名士，增润删节，补写崇祯朝和南明史实。庄廷龙死后，其父庄允诚将书刻成，即行刊书《明史辑略》(《明书辑略》)。《明史辑略》出来后，被归安知县吴之荣告发，这时庄廷龙、庄允诚虽已故去，却依然被掘墓刨棺，枭首碎骨，尸体被悬吊在城墙上，示众三个月。庄廷龙的弟弟庄廷钺也被杀害。此事牵连甚广，凡为此书作序、校阅、刻字、印刷、卖书、买书及地方官吏均处死，牵连致死70余人，这个事件历史上称为"庄廷龙明史案"，是清初著名文字狱之一。

材料阅读

撤销中书省，从此不再设丞相，由六部分理朝政，直接对皇帝负责，由于政务繁忙，另设殿阁大学士，以备顾问。

想一想

1. 这是哪一朝代官制的变化？文中的皇帝是谁？
2. 材料中的六部是指哪六部？
3. 上述材料中叙述的机构变化，起了什么作用？

自我测评

1. 明朝为加强对官吏的监视而采取的主要措施是（　　　）。
   - A. 六部分理朝政
   - B. 设厂卫特务机构
   - C. 八股取士
   - D. 地方设三司

2. 明朝加强中央集权的特点，下面对其最恰当的表述是（　　　）。
   - A. 废除丞相，避免了君权相权矛盾
   - B. 设锦衣卫，开创了特务机构统治
   - C. 八股取士，加强了思想文化统治
   - D. 加强君权，空前强化君主专制

3. 中国封建君主专制达到顶峰的标志是（　　　）。
   - A. 废丞相，分权于六部
   - B. 设立厂卫特务机构
   - C. 设立军机处
   - D. 废除议政王大臣会议

4. 下列事件与康熙帝无关的是（　　　）。
   - A. 平定三藩之乱
   - B. 雅克萨之战
   - C. 设置台湾府
   - D. 打败荷兰殖民者

活动建议

表演戏剧《桃花扇》中的一幕。

活 动 课 一

春秋战国故事表演会

　　我国先秦时期，发生了许许多多动人的故事。我们要举办一场历史故事演讲会，这就需要大家广泛地搜集历史素材，并把它们编好。

　　怎样才能做好历史故事表演会呢？首先，要利用课余时间多读点关于这一历史时期的读物，包括从读物中搜集我国丰富的成语典故，从中挖掘对现实社会有积极意义的内容。这样做，一方面可以培养和提高我们阅读历史书的能力，另一方面也可以积累更多的故事素材。其次，在阅读历史读物、搜集故事素材的基础上，通过思考，形成一个个生动有趣而又具有现实教育意义的历史故事。最后，把收集到的历史故事进行创作和表演，提升自己的综合素养。

活动目标

（一）知识与能力

　　利用历史故事演讲比赛、历史故事表演赛、历史人物辩论会等形式，调动学生阅读史籍的积极性，从而达到拓宽学生知识面的目的；更重要的是，这些形式可以激发学生丰富的联想力，使原本平面的、干瘪的、抽象的历史知识变得立体、充盈、具体起来，从而把知识传播、智识培养、思想教育和文化娱乐融为一体。

　　1. 利用对春秋战国时期的风云人物、历史事件和传说故事的搜集整理，扩大学生的知识面，增强学生学习历史的兴趣，提高学生的欣赏鉴别能力。

　　2. 利用故事表演，培养学生的综合概括、语言表达能力，还可激发学生的表演欲。

　　3. 利用擂台赛这种具有挑战性的形式，培养学生勇于竞争、不畏对手、顽强拼搏的优秀品质。

（二）过程与方法

　　1. 以小组的形式参赛，培养学生热爱集体的团队精神，以及整体协作能力。

2. 要求学生对所讲故事提出自己的独到见解，从而培养学生独立思考的能力和创新意识。

（三）情感态度与价值观

通过对春秋战国历史故事的搜集学习，学生更深刻地了解这一时期的著名人物，以及他们在那动荡的时代所体现出来的智慧、胆识和思想，所创造出来的辉煌与不朽。以古鉴今，从古人优秀的品质中吸取营养，使自己成为有用之才。同时教给学生用历史唯物主义和辩证唯物主义的方法评论历史人物，尽量做到全面严谨、公正客观。

方案一　演说式故事会

活动准备

一、学生搜集故事

1. 到图书馆、书店或通过互联网查找有关资料，也可以从长辈或民间说唱艺人那里搜集故事素材。

2. 编写故事演讲稿，熟悉故事内容，用生动的语言和适当的动作来刻画人物性格，反映人物内心活动。

二、布置教室，营造气氛

1. 在黑板上画一些代表春秋战国时期特征的图案，如画一幅"百家争鸣"的图画，写上本期话题"故事会"或"故事擂台赛"等字眼。

2. 张贴一些春秋战国时期的人物画像、故事图，如关于"围魏救赵""纸上谈兵""退避三舍"等的图画。

3. 准备一些古筝或古琴类的音乐，让古典音乐行云流水般地在教室里静静流淌。

三、参赛规则

1. 六人组成一个小组，自由组合，通力合作。

2. 先在小组讲，然后由小组擂主参加班级擂台赛，擂主既代表个人又代表小组。

四、评分标准

1. 选材符合要求，只能是春秋战国时期的人和事。内容故事性强，可以充实故事内容，发挥想象力，但不能不符合史实。

2．讲述时语言活泼、生动、形象，富有表现力和感染力。

3．观点鲜明，有独立看法和见解。

4．各小组选出一个人当评委，评比时要客观公正。评委接受全班同学的监督。

五、挑选一位合适的学生担任主持人

开始挑战

一、主持人宣布擂台赛开始，介绍举办这项活动的目的和比赛规则

目的：为了弘扬中华优秀传统文化，熟悉春秋战国时期历史人物和历史事件，展示同学们的智慧与才华，表现出同学们独到的见解和看法，举行春秋战国时期历史故事演讲比赛。

规则：

1．所演讲的故事必须和春秋战国时期的历史人物有关，故事内容健康、通俗。

2．要求使用普通话，语言形象生动、表现力强，富有感染力，有自己的看法。

3．时间5分钟左右。

二、各小组擂主登台讲演

6个小组抽签决定上台顺序，由各小组的擂主依次讲演。

三、学生评委对参赛者的表现作出评价，教师总结，选出总擂主

注意：在评价时要客观公正全面，对参赛者的勇气要予以表扬，对台下默默无闻的幕后策划者要予以充分的肯定，肯定他们的协作能力与合作精神，让团队精神与集体主义精神在潜移默化中渗透。

方案二　角色表演式故事会

活动准备

一、寻寻觅觅

1．学生自由组合，从课本或课外资料中找出一则自己喜欢的故事，加工成剧本。

2．根据剧本分角色，研究各自角色的性格、心理，熟悉其在剧本中的语言、行为。

3．寻找或设计一些简单的春秋战国的标识道具。

二、比比评评

首先组内成员展开竞争，看谁的剧本编得好，看谁的演技好，选出小组的最强档的组合，参加全班擂台赛。

开始挑战

各小组代表在全班擂台赛上表演本组的参赛作品。

评委发言

根据剧本编写质量、演员表演水平、各小组的秩序情况，依次选出最佳编剧组、最佳演员等。

大家参与、群众发言

把机会留给观众，让台下的同学发言，对整个表演过程作一个全面的评价，并给出建议，主持人可适时地插入一些问题。如：

1. 你觉得我们的比赛怎么样？为什么？

2. 这则故事流传至今，对我们有什么启示？

教师总结

肯定学生的表演，赞赏学生的参与和协作精神，让每一个参与者都体会到成功的喜悦。

方案三　"我说春秋战国人物"辩论会

活动准备

一、查查找找

1. 让学生寻找一位搭档，两人合作查找感兴趣的春秋战国历史人物资料，可以到图书馆、书店或通过互联网查找有关资料，也可以借鉴电视剧等影视作品，但必须符合史实。

2. 学生根据所查资料评论春秋战国时期历史人物，注意全面翔实、合情合理。两人达成共识。

3. 尽量找到该人物的图像资料，备用。

二、布置教室，营造气氛

1. 在黑板上写上本期话题："我说春秋战国人物"辩论会等字眼。
2. 制作"春秋五霸""战国七雄"等旗帜。

教学过程

一、播放《大秦帝国》电视剧主题曲，引出本期话题

教师导语：俗话说，"理不辩不明，话不说不清"，今天举行这个辩论会，请同学们畅所欲言，对自己感兴趣的春秋战国历史人物尽情评论，但要注意有理有据，尊重历史真相。在某位同学发言的时候，搭档可予以补充，其他同学可随时举手提出不同意见，多方辩论，讨论越热烈越说明同学们真的动了脑筋。

二、学生代表发言，辩论开始

推举两个搭档中的一位发言，另一位运用多媒体展示该人物的影像资料，以使全体同学都对此人物有一个感性认识。

学生辩论时，除非出现过激言论，教师不要轻易打断。学生的论点即使有失偏颇，只要言之有据，也要予以肯定，相信在这中间会有不少思维的火花在碰撞中升华。

三、教师小结，结束辩论会

通过这一节课的辩论，我们更加深入地了解了春秋战国时期的这些历史人物。透过春秋纷争的喧嚣和战国争雄的烟尘，我们也看到"围魏救赵"的谋略与睿智，"信陵君窃符救赵"中信陵君仁而下士的谦逊作风和救人之困的义勇精神，"负荆请罪"中廉颇主动向人认错、道歉的真诚态度，等等。当然这些人物并不像电影、电视里演绎得那样完美，我们要用历史的眼光来公正地评判他们，学习他们的优秀品质，把传统文化中的优秀基因发扬光大。

活 动 课 二
宋朝穿越记

　　宋朝是中国历史上比较富裕的一个朝代，也是古代中国经济、文化、教育发展最繁荣的时代。陈寅恪曾评价说："华夏民族之文化，历数千载之演进，造极于赵宋之世。"11世纪的宋朝是世界上经济最繁荣、最先进的地区，无论是商业化程度、工业化水平，还是城市化进程都远超世界上其他国家。这一时期中国的农业、印刷、造纸、丝织、矿冶、制瓷等领域均取得较高的成就，因海外贸易之盛，航海业、造船业也遥遥领先于世界其他国家。

　　当今社会，穿越小说风靡全球，穿越题材的电视剧几乎占据了荧屏，穿越似乎成为一种时尚。在各种穿越小说、电影电视剧中，穿越者几乎都拥有主角光环，无论走到哪里，都能风生水起。假如你有机会穿越回到宋朝，你也可以玩转宋朝吗？

《清明上河图》（临摹图）

一、活动目标

（一）知识与能力

　　通过历史穿越、情境设置，调动学生阅读史籍、收集历史资料的积极性，从而增加课堂趣味性，拓宽学生的知识面，丰富学生的情感。通过各种活动设置，最终达到"寓教于乐"的目的，使学生在快乐中学习，在学习中成长。

1. 通过历史教材、历史著作、网络资源等渠道收集、提取有效信息，对宋朝经济发展水平有基本认识和了解。

2. 对宋代人们的衣、食、住、行等方面有大致了解，对宋代经济发展状况有更加直观、细化的认识和理解。

3. 根据活动主题，培养学生的资料收集能力；同时教会学生如何在大量的信息当中去伪存真，提升学生提取有效信息的能力；要求学生对所提取的信息加以整理归纳，训练学生的分析归纳能力。

（二）过程与方法

1. 以小组的方式进行，分别进行资料收集、信息提取和归纳。在最终具体情境表演中，通过小组竞赛，决出胜负。

2. 以穿越模拟的形式进行题目设定和情景设置，培养学生语言表达能力、创新能力和表演能力。

（三）情感态度与价值观

1. 通过对宋朝经济史料的搜集学习，使学生更直观地了解这一时期的经济发展水平、经济地位和经济成就，激发学生的民族自尊心和自豪感。

2. 最后问题设置：写出心声。让学生明白自己的不足，端正自己的学习态度，明确自己的学习任务和目标。

二、活动提示

1. 全班同学分成若干小组，进行前期的资料搜集、整理和分析工作，明确宋朝经济发展成就和具体表现。

活动建议：活动之前将全班同学进行分组，组员合作进行资料搜集。搜集的资料没有范围限制，只要是和宋朝经济相关的内容都可以；然后组织学生对搜集的资料进行整理和分类。活动目的在于拓宽学生的知识面并培养学生的动手能力。教师在活动之前可对每一小组的同学进行明确分工，每个同学都分配一定的任务，让他们知道自己要做什么，怎么去做。

2. 可对收集到的信息进行展示，并集体评选出最优秀的小组，给予奖励。

活动建议：每一小组将收集到的信息选取3～5点，在全班进行诵读并展示，展示的形式根据学生的具体情况而定，可以手写，可以做成PPT，也可以做成

MAKA、易企秀等视频资料，最后进行评选。

3．集体合作完成一张图片PS。

活动建议：仍以小组为单位，根据小组成员根据收集到的信息，结合宋朝经济发展状况，集体合作完成一张图片PS。PS的图片最好限制一下范围（如在宋朝衣、食、住、行四个方面任选一个主题），完成之后进行小组成果展示，在展示的同时要求其他小组来给图片找茬，看看有没有不合理之处。

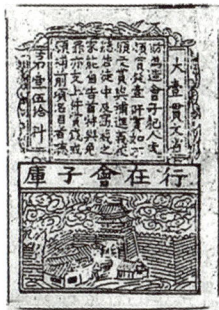

南宋会子

4．教师可设置活动"找到回家的路"。

活动建议：选取一些能代表宋朝经济发展的图片，以一张迷宫为背景，将图片镶嵌其中，将迷宫和知识问答相结合，增加活动的趣味性。举例：以农作物为例，中国不同的朝代引进了不同的农作物，例如唐朝的胡椒、波斯枣，宋代的占城稻、明朝的土豆、玉米、红薯等，可将这些图片放在迷宫图片上，迷宫出口处写上宋朝，让学生找一找能够走出迷宫，回到宋朝的农作物有什么。

哥窑簋式炉

5．表演宋朝穿越情景剧。设置宋朝几个具体的情境，学生分组讨论并进行表演比赛。

活动建议：因为学生的知识水平以及课堂掌控等方面的问题，教师最好事先自己设计几个活动场景，场景的设置会涉及宋朝经济生活。例如，人物设置：开封城的商人。活动情境：参加一个商业会议，会议后聚餐，聚餐后逛夜市，夜市上选取礼物等。让每组的学生选取一个活动场景，共同编一段情景剧，然后表演出来。全班同学进行评比打分，对表现最好的小组给予奖励。

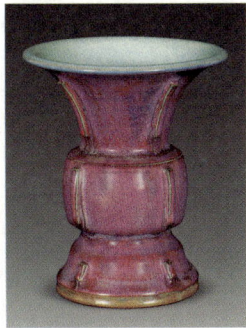

钧窑出戟尊

三、活动拓展

要求同学们结合自己的实际情况，撰写一篇以"假如我穿越回到宋朝，我可以做什么"为主题的小短文，做好评比工作。